58

계명교양총서
서양철학

필레보스

(또는 즐거움에 관하여)

Philebus

대학생을
위한
인류의 고전

플라톤 지음
유원기 역해

Socrates

계명대학교 출판부

필레보스(또는 즐거움에 관하여)

초판1쇄 인쇄 2013년 3월 27일 | **초판1쇄 발행** 2013년 4월 5일
역해 유원기 | **펴낸곳** 계명대학교출판부 | **펴낸이** 신일희
출판등록 1970년 9월 1일(제347-1998-1호)

주소 대구광역시 달서구 달구벌대로 1095
전화 053) 580-6233 | FAX 053) 580-6235

ISBN 978-89-7585-625-9 03160

· 값 8,000원
· 잘못 만들어진 책은 교환해 드립니다.

계명교양총서

58

필레보스

(또는 즐거움에 관하여)

유 원 기 역해

계명대학교 출판부

역자 서문

이 책은 고대 그리스의 철학자 플라톤(기원전 427-347)이 집필한 것으로 알려져 있는 30여 편의 저술들 가운데 하나이다. 이 책은 일반적으로 『필레보스』라는 제목으로 알려져 있으나, 간혹 『즐거움에 관하여』라는 부제가 제목으로 사용되기도 한다. 플라톤의 저술은 대체로 몇 명의 사람들이 서로 대화를 나누는 대화록의 형태로 구성되어 있다. 대부분의 대화록 속에서 소크라테스(기원전469-399)가 주인공으로 등장하여 대화를 이끌어간다. 잘 알려져 있듯이, 소크라테스는 플라톤의 스승인데, 대화록에서 그는 오가다 만난 사람들과 더불어 여러 가지 주제들에 대해 논의한다. 그가 논의하는 주제들은 경건함 · 정의 · 아름다움 · 즐거움 · 죽음 · 영혼의 불멸성 등과 같이 다양하다.

『필레보스(또는 즐거움에 관하여)』라는 제목을 붙인 이 대화록에서 대화를 이끌어가는 주인공도 소크라테스이다. 여기에서 그는 인간의 삶을 행복하게 만드는 것이 무엇인가에 대해 젊은 청년들과 함께 논의한다. 처음에 소크라테스의 대화 상대는 필레보스라는 이름을 가진 젊은이였다. 그러나 어떤 이유에서인지 필레보스는 소크라테스와의 대화를 중단하고 자신의 친구인 프로타르코스로 하여금 대화를 진행하게끔 한다. 대화록의 내용에 따르면, 프로타르코스에게 논의를 넘겨주기 전에, 필레보스는 즐거움(또는 쾌락)이 인간의 삶을 행복하게 만드는 요소라고 주장했던 것으로 말해진다. 즉, 가장 좋은 인간의 삶은 즐거움을 추구하는 삶이라는 것이다. 이와 달리, 소크라테스는 지식을 추구하는 삶이 가장 좋다고 주장한다. 그들은 인간이 행복한 삶을 영위하기 위해서 지식을 추구해야 하는가 또는 즐거움을 추구해야 하는가에 대해 논의하고 있는 것이다. 소크라테스는 처음에는 지식이 가장 좋다고 주장하지만, 나중에는 지식과 즐거움의 혼합이 가장 좋다고 주장한다. 이 대화록에서 필레보스 대신에 새롭게 등장한 친구 프로타르코스가 소크라테스와 주로 논의한다. 필레보스는 그들의 논의에 몇 차례 끼어들어 발언하면서 그들의 논의를 끝까지 지켜본다.

이 대화록은 플라톤이 말년에 쓴 작품들 가운데 하나로서, 그 내용을 정확하게 이해하기는 상당히 어려운 것으로 알려져 있다. 이와 관련하여, 저명한 플라톤 전문가인 프레데(D. Frede)는 이 대화록의 내용을 이해하기 위해서는 "일종의 연옥(또는 지옥)"과도 같은 상태에서 상당히 오랜 시간을 소비해야만 할 것이라고 말한다.[1] 이 대화록이 어려운 이유는 플라톤의 다른 대화록들 안에서 논의된 내용을 먼저 이해해야 그 내용을 이해할 수 있기 때문이다. 더구나 독자들이 이 대화록의 내용을 이해하기 위해서는 플라톤의 대화 전개방식에도 익숙해질 필요가 있기 때문이다. 따라서 이러한 선지식이 부족하거나 또는 그의 대화 전개방식에 익숙하지 않은 대학 초년생들이나 비전공자들에게는 이 대화록을 읽고 이해하는 과정이 매우 고통스러울 수도 있다는 것이다.

하지만 그렇다고 해서 그 내용을 이해하는 일이 전적으로 불가능하지는 않다. 무엇보다도 여기에서 우리는 이 대화록이 우리가 삶을 살아가면서 한 번쯤은 심각하게 고민해볼 만한 중요한 주제를 다루고 있다는 점에 주목할 필요가 있다. 일상에서 우리는 "나는 무엇을 위해 사는가?"라는 질문을 간혹 던지곤 한다. 이 질문은 "우리의 삶을 행복하게 만드는 것은 무엇인가?"라는 질문으로 이어지고, 또한 "우리가 행복한 삶을 살아가기 위해서는 즐거움을 추구해야 하는가, 지식을 추구해야 하는가, 또는 다른 어떤 것을 추구해야 하는가?"라는 질문으로 이어진다. 이런 질문은 우리가 일생동안 추구할만한 가치가 있는 것이 무엇인가에 대한 질문, 즉 삶의 목표를 찾으려는 질문으로 볼 수 있다. 이런 맥락에서 보자면, 이 대화록을 읽으면서 '연옥(또는 지옥) 체험'을 해보는 것이 결코 무익한 행위가 아니며, 사실상 그 체험은 우리의 삶에 소중한 가치를 부여해주는 뜻 깊은 도전이 될 것이다.

역자는 이 대화록에서 그러한 도전을 돕기 위한 몇 가지 노력들을 기울였다. 첫 번째는 번역문과 용어의 선택에 대한 것이다. 이미 언급했듯이, 이 대화록은 원전의 내용 자체를 파악하기가 상당히 어렵지만, 역자는 다른 번역서들의 번역문과 용어들을 세밀하게 검토하여 이 책의 내용을 가능한 쉽게 이해되도록 만들기 위해 노력했다.[2] 두 번째는 목차에 대한 것이다. 원래 플라톤의 대화록에는 목차가 없다. 그렇지만 내용의 핵심을 파악하여 목차를 만들고, 다시 그 목차에 따라 책을 읽는 것은 그 내용을 파악하는 데 도움이 된다. 따라서 역자는 이 대화록의 핵심적인 내용을 보여주는 목차를 만들고, 본문에서 그 목차에 따라 내용을 나누어 놓았다. 이에 덧붙여 다른 학자들의 목차들도 참고삼아 번역해 실어 놓았으니, 그것들과 비교해서 살펴보면 도움이 될 것이다. 세 번째로는 역자가 덧붙인 해설 부분에 대한 것이다. 이 책의 뒷부분에 있는 〈작품 해설〉

은 이 대화록의 논의에 대한 이해를 돕기 위해 역자가 내용을 정리한 부분이다. 이 대화록을 읽는 학생들은 목차의 제목들을 주의 깊게 보면서 내용을 파악하려는 노력을 기울이는 한편, 역자의 해설을 읽어보면서 내용을 파악하려는 노력을 기울일 필요가 있다.

이미 언급했듯이, 플라톤이 쓴 이 대화록에서 논의되는 내용을 파악하기는 쉽지 않으며, 어떤 부분에 대해서는 전혀 이해하지 못하는 경우도 있을 것이다. 그러나 그것 때문에 미리 좌절감이나 절망감을 가질 필요는 없다. 우리는 2,400여 년 전에 생존했던 '철학자' 플라톤의 글을 읽는 것이다. 시대와 장소가 다른 우리가 그 오랜 시간의 공백을 뛰어넘어 그를 있는 그대로 이해한다는 것은 어떤 면에서는 불가능할지도 모른다. 그러나 이 대화록을 여러 차례 읽으면서 이해하려는 노력을 기울이다 보면 마침내 전반적인 내용의 흐름을 파악할 수 있게 될 것이다.

이 책을 통해, 우리 학생들이 자신들의 삶에서 가장 소중한 것이 무엇인가에 대해 깊이 성찰하고, 마침내는 그것을 발견하고 획득할 계기가 될 수 있기를 간절히 소망한다. 끝으로 이 책의 초고를 읽고 의견을 제시해준 철학과 석사과정의 이나리 양에게 고마움을 전한다.

2013년 1월
유원기
영암관 연구실에서

목차

일러두기

(1) 11a-12b와 같은 표기는 플라톤의 저술들을 스테파누스(Henricus Stephanus)가 3권의 전집으로 편찬(1578년)하면서 붙였던 쪽 번호와 문단을 가리킨다. 예를 들어, 11a는 스테파누스의 전집 11쪽의 첫 번째 문단을 의미하며, 〈11a-12b 참조〉와 같은 표현은 언급된 내용과 관련해서는 〈11쪽 첫 번째 문단에서 12쪽 두 번째 문단까지를 참조〉하라는 의미를 담고 있다.

(2) 대화록에서 ( )과 [ ]가 사용되는데, ( ) 안의 글은 원문에 있는 글이지만 수식어구가 지나치게 길어서 수식관계가 불분명한 경우에 그것을 분명하게 밝혀주기 위해 사용했으며, [ ] 안의 글은 가독성을 높이기 위해 역자가 첨가한 글이다.

(3) 이 책에서 나열한 『필레보스(또는 즐거움에 관하여)』의 세부 목차는 원래 원문에는 없는 것이다. 독자들이 이 대화록의 논의를 쉽게 파악할 수 있도록 역자가 핵심적인 내용을 제목으로 선정하여 덧붙인 것이다.

제 I 부

즐거움과 지혜의 성격 (11A-31A)

제 I 부

즐거움과 지혜의 성격 (11A-31A)

I.1 즐거움과 지혜 (11A-12B)

11 소크라테스: 그렇다면 프로타르코스, 자네가 받아들여야 하는 필레보스의 주장이 무엇이고, 또한 자네가 동의하지 않는 경우에 반박해야 하는 우리의 주장이 무엇인지에 대해 살펴보세. 자네는 그것들을 하나하나 정리해보길 원하는가?

B 프로타르코스: 물론입니다.

C 소크라테스: 필레보스는 즐거움과 기쁨과 유쾌함, 그리고 그런 종류의 것들이 살아있는 모든 것들에게 좋다고 말했네. 반면에 우리의 주장은 그보다는 오히려 지혜와 사고와 기억, 그리고 그런 종류의 것들에 속하는 올바른 견해와 참된 추론이 그런 능력을 지닌 모두에게 더 좋고 더 훌륭하다는 것이었지. 지금 존재하고 또한 앞으로 존재할 모두에게 가장 이롭다고 말이지. 우리는 그런 이야기들을 했지. 그렇지 않나, 필레보스?

필레보스: 전적으로 그렇습니다. 소크라테스 선생님.

소크라테스: 프로타르코스, 자네는 지금 자네에게 넘겨질 이 주장에 동의하는가?

프로타르코스: 필연적으로 그럴 수밖에 없습니다. 우리의 멋진 필레보스가 물러났으니까요.

소크라테스: 그렇다면 어떻게 해서든 이 주장들에 대한 진리가 확

인되어야겠지?

D 프로타르코스: 예, 그렇습니다.

소크라테스: 그런데 한 가지 더 동의해야 하네.

프로타르코스: 무엇을 말입니까?

소크라테스: 영혼의 성향과 상태가 모든 인간들의 삶을 행복하게 만들 수 있는 것임을 입증하기 위해 우리 모두가 노력해야 한다는 것을 말일세. 그렇지 않은가?

프로타르코스: 그래야만 합니다.

소크라테스: 자네들은 그것[모든 인간들의 삶을 행복하게 만들 수 있는 것]이 즐거움이라고 했고, 우리들은 그것이 지혜라고 했지?

프로타르코스: 그렇습니다.

E 소크라테스: 만약 그것들[즐거움과 지혜]보다 더 나은 어떤 것이
발견된다면 어떻겠는가? 만약 그것[새롭게 발견된 것]이 즐거움과
12 더 밀접하다면, 그것을 분명히 가진 삶에 의해 우리가 모두 지는
것이지만, [그럼에도] 즐거움을 누리는 삶은 지혜로움을 누리는
삶을 이기는 것이지?

프로타르코스: 그렇습니다.

소크라테스: 그렇지만 만약 그것[새롭게 발견된 것]이 지혜와 더 밀접하다면, 지혜가 이기고 즐거움이 지는 것이지. 이에 동의하는가?

필레보스: 제가 보기에는 그렇습니다.

프로타르코스: 필레보스, 자네는 어떤가? 무슨 할 말이 있는가?

필레보스: 저는 즐거움이 승리자라고 생각하며, 또한 항상 그렇게 생각할 겁니다. 그러나 프로타르코스, 자네는 자네 스스로 결정하

겠지.

프로타르코스: 필레보스, 자네가 내게 논의를 넘겼으니, 내가 소크라테스 선생님께 동의하든 말든 자네는 더 이상 간섭하지 말게.

B 필레보스: 자네는 진실을 말하고 있네. 그래서 나는 그것에서 손을 떼었고, 내가 그렇다는 것은 이제 여신께서 증인이 되어줄 걸세.

프로타르코스: 자네가 그런 말을 했다는 것에 대해 우리도 증인이 될 걸세. 소크라테스 선생님, 필레보스가 동의하든 말든 상관하지 말고, 우리의 논의를 끝내도록 하시지요.

소크라테스: 그렇다면 '아프로디테'라고 불리지만 '즐거움'이라고 부르는 것이 가장 적절하리라고 그[필레보스]가 말했던 여신에 대한 이야기에서 시작해보세.

프로타르코스: 매우 옳으신 [말씀입니다].

Ⅰ.2 모든 즐거움들이 좋은가 (12C-14B)

C 소크라테스: 프로타르코스, 신들을 부르는 이름과 관련한 나의 두려움은 인간의 가장 커다란 공포심을 항상 넘어선다네. 그런데 지금 나는 그 여신에게 알맞은 이름이라고 생각하기에 그 여신을 아프로디테라는 이름으로 부르고 있네. 그러나 즐거움은 다양한 의미를 갖고 있으며, 또한 우리가 그 여신에 대한 이야기로부터 시작할 것이므로, 그 여신이 어떤 본성을 갖는가를 자세히 검토해야 하리라고 나는 알고 있네. 왜냐하면 자네가 다만 그 여신의 이름만을 들을 때면 그것은 하나에 불과하지만, 실제로 어떤 점에서
D 는 서로 다른 많은 모습들을 갖기 때문이지. 예를 들어, 우리는 절제하지 못하는 사람이 즐거움을 갖는다고 말하지만, 자제력을 갖는 사람이 그러한 자신의 자기 절제력에서 즐거움을 갖는다고

도 말한다네. 또한 우리는 어리석은 견해와 희망으로 가득 찬 바보가 즐거움을 갖는다고 말하는 한편, 지혜로운 사람은 그러한 자신의 지혜에서 즐거움을 갖는다고도 말하지. 그렇다면 이러한 두 가지 즐거움들이 서로 동일하다고 말하는 사람이 바로 어리석은 사람이 아닐까?

E <u>프로타르코스</u>: 그렇지 않습니다, 소크라테스 선생님. 그것들이 상반된 것들로부터 나온다고 해서 그것들 자체가 서로 상반된 것은 아닙니다. 어떻게 즐거움이 모든 것들 속의 즐거움, 즉 그것 자체와 가장 동일하지 않을 수 있겠습니까?

13 <u>소크라테스</u>: 색깔이 색깔과 동일한 것처럼 말이지. 그것들이 모두 색깔이라면, 그것들은 서로 다르지 않겠지. 그러나 우리는 검정색이 흰색과 다를 뿐만 아니라 사실상 상반된 것임을 알고 있네. 그리고 도형은 도형과 유사하지. 그것들은 모두 종적으로 한 가지이지만, 그것의 어떤 부분들은 서로 완전히 상반되고, 또한 다른 부분들은 수없이 많은 차이점을 갖고 있지. 그리고 우리는 그런 관계를 보여주는 다른 많은 예들을 찾을 수 있다네. 그러므로 전적으로 상반된 모든 것들이 동일하다는 이 주장에 매달리지 말게. 나는 우리가 즐거움들과 상반된 다른 즐거움들을 발견하게 될까봐 두렵다네.

<u>프로타르코스</u>: 그럴 수도 있을 겁니다. 하지만 어떤 점에서 그것이 제 주장을 훼손하는 겁니까?

B <u>소크라테스</u>: 왜냐하면 우리는 자네가 동일하지 않은 것들을 서로 다른 이름으로 부른다고 말하기 때문이지. 즐거운 것들이 모두 좋다고 자네가 말하기 때문이네. 좋은 것들을 좋지 않다고 주장할 사람은 아무도 없을 것이네. 그러나 우리가 말하듯이 그것들 가운데 대부분은 나쁘고 일부만이 좋을 뿐인데, 자네는 그것들이 모두 좋다고 말하고 있네. 누군가 지적한다면, 그것들이 동일하지 않다는 것을 자네도 인정할 텐데 말이야. 그렇다면 좋은 즐거움들과

나쁜 즐거움들에 모두 존재하며, 또한 자네로 하여금 그 모든 것들을 좋다고 말하게 만드는 것은 무엇인가?

C 프로타르코스: 소크라테스 선생님, 무엇을 말씀하시는 겁니까? 좋음이 즐거움이라고 주장하는 모든 사람들이 어떤 즐거움들은 좋고 다른 즐거움들은 나쁘다는 것에 동의하거나 또는 선생님께서 그렇게 말씀하시는 것을 인정하리라고 생각하십니까?

소크라테스: 그렇지만 자네는 그것들이 동일하지 않으며, 더 나아가 어떤 경우에는 서로 상반된다는데 동의하겠지.

프로타르코스: 그것들이 즐거움들[을 말씀하시는 것]이라면, 그렇지 않습니다.

D 소크라테스: 우리의 논의는 이전으로 돌아가는군, 프로타르코스. 그렇다면 우리는 하나의 즐거움이 또 하나의 즐거움과 서로 다르지 않고, 모든 즐거움들이 동일하다고 말할 것인가? 방금 제시한 예들이 우리에게 조금도 영향을 미치지 않는가? 우리는 가장 쓸모없고도 초보적인 논쟁자들처럼 행동하고 말할 것인가?

프로타르코스: 무엇을 말씀하시는 겁니까?

소크라테스: 만약 내가 자네를 모방해서 나 자신을 변호하려고 "가장 다른 것은 그것과 가장 다른 것과 가장 완벽하게 동일하다네."라고 말한다면, 나는 자네가 말했던 것과 동일한 것을 말할 수 있네. 그러나 이것은 우리들이 아주 초보적이란 점을 드러내게 될 것이고, 우리의 주장은 암초에 부딪혀 가라앉을 걸세. 그러니 그것을 다시 물 위에 띄워 이전의 입장으로 다시 돌아간다면, 우리는 의견의 일치를 볼 수도 있을 걸세.

E 프로타르코스: 말씀해주십시오. 어떻게 해야 합니까?

소크라테스: 프로타르코스, 자네가 내게 질문을 한다고 가정해보세.

프로타르코스: 어떤 질문을 말씀하시는 겁니까?

소크라테스: 자네가 어떤 것이 좋은 것이냐고 내게 물었을 때 내가 처음에 좋은 것들이라고 말했던 지혜, 지식, 사고, 그리고 다른 모든 것들이, 이러한 자네의 주장과 동일한 결과를 갖게 되지 않겠느냐는 질문을 말하는 것이네.

프로타르코스: 어째서 그렇습니까?

14 소크라테스: 전반적으로 지식의 분야들이 다양하고, 그 가운데 일부는 서로 다른 듯이 보일 것이네. 그러나 만약 그 가운데 일부가 실제로 서로 상반된 것들임이 밝혀진다면, 그리고 이것이 두려워서 어떤 [한가지] 종류의 지식이 다른 종류의 지식과 다르다는 것을 내가 부정한다면, 내게 논의에 참여할 자격이 있겠는가? 결국 우리의 논의는 우리가 말도 안 되는 방식으로 구원을 받는 동화 속의 이야기처럼 소멸되는 것인가?

프로타르코스: 아닙니다. 우리가 구원받는다는 이야기를 제외하고는 결코 그래서는 안 됩니다. 그렇지만 저는 선생님[의 주장]과 제 주장을 동등하게 다루는 것이 좋습니다. 즐거움들이 다양하지만 서로 동일하지 않으며, 또한 지식의 분야들이 다양하고 서로 다르다는 것을 인정한다고 가정하겠습니다.

Ⅰ.3 하나와 여럿의 문제 (14C-18D)

B 소크라테스: 그렇다면 프로타르코스, 나의 좋음과 자네의 좋음 사이의 차이점을 숨기지 말고 자신 있게 내보여서, 그것들이 검토되는 경우 우리가 즐거움을 좋다고 말해야 할 것인지 또는 지혜를 [좋다고 말해야 할 것인지] 또는 세 번째 것을 [좋다고 말해야 할 것인지에 대해] 살펴보도록 하세. 왜냐하면 분명히 우리가 지금 논의하는 것은 나의 제안이나 자네의 제안 가운데 어떤 것이 이

겨야 한다는 것이 아니라 진리를 위해 우리가 함께 싸워야 한다는 것이기 때문이네.

프로타르코스: 반드시 그래야 합니다.

C 소크라테스: 그렇다면 동의함으로써 그 원리를 좀 더 명확하게 만들어보세.

프로타르코스: 어떤 종류의 [원리]입니까?

소크라테스: 모든 사람들을 곤란하게 만드는 원리 말이네. 어떤 것들은 자발적으로, 다른 어떤 것들은 간혹 비자발적으로 겪는다네.

프로타르코스: 좀 더 쉽게 말씀해주시겠습니까?

소크라테스: 방금 제시된 원리는 매우 놀라운 성질을 가졌지. 왜냐하면 하나가 여럿이고 여럿이 하나라는 주장들이 놀랍고, 또한 그 가운데 어떤 한 가지를 주장하는 사람을 반박하는 것은 쉽기 때문이네.

D 프로타르코스: 선생님께서 [지금] 의미하시는 것은, 프로타르코스인 제가 본성적으로는 하나이지만, 동일한 [사람인] 제가 크기도 하고 작기도 하며, 무겁기도 하고 가볍기도 하며, 또한 무수히 다양하기도 하고 서로 다르기도 하므로, [제가] 여럿인 동시에 서로 다른 사람이라고 누군가 말한다는 것이지요?

E 소크라테스: 프로타르코스, 자네가 방금 언급한 하나와 여럿에 관한 그런 문제들은 널리 알려져 있으며, 거의 모든 사람들이 그것들을 유치하고도 사소하면서도 (생각에 커다란 방해요소가 되기 때문에) 무시해야 한다는 데 동의한다네. 더구나 다음과 같은 경우, 즉 어떤 사람이 팔다리와 몸의 부분들을 구분하면서도 그것들이 총체적으로 하나임을 인정하며, 그런 뒤에 하나가 여럿이며 무한하지만 여럿은 오직 하나라는 괴상한 주장을 인정해야 한다는 이유에서 그가 비웃듯이 스스로를 거부하는 그런 경우도 무시해

야 한다네.

프로타르코스: 그런데 소크라테스 선생님, 이와 동일한 원리와 관련하여 널리 알려지거나 승인되지 않은 다른 어떤 궁금증들이란 [도대체] 어떤 것들을 의미하시는 겁니까?

소크라테스: 젊은 친구여, 방금 한 가지 사례를 통해 보았듯이, [우리가 말하는] 하나란 생성되고 소멸되는 것들에 속하는 하나를 의미하는 것이 아니라네. 왜냐하면 내가 방금 말했듯이 그런 종류의 하나는 논의할 가치가 없기 때문이네. 그러나 누군가가 사람이 하나라거나 또는 소가 하나라거나 또는 아름다움이 하나라거나 또는 좋음이 하나라고 주장할 때, 하나인 것들이나 그와 비슷한 것들의 분리에 대한 과도한 관심은 논란을 야기한다네.

프로타르코스: 어째서 그렇습니까?

B 소크라테스: 첫 번째 [문제]는 우리가 그처럼 하나인 것들이 실제
로 존재한다고 믿어야 하는가에 대한 것일세. [두 번째 문제는] 그
렇다면 생성도 없고 소멸도 없이 항상 하나이자 동일한 그 각각
의 것이 어떻게 계속 하나로서 존재하는가에 대한 것일세. 그리고
[세 번째 문제는] 생성되지만 한정되지는 않는 사물들이 하나가
퍼져서 여럿으로 되는 것인가 또는 (완전히 불가능해 보이지만)
동일하면서 하나인 그것이 스스로에게서 완전히 분리되어 하나와
C 여럿 속에 동시에 존재하는 것인가에 대한 것일세. 프로타르코스,
다른 것들에 관한 것이 아니라 하나와 여럿에 관한 [바로] 이 문제
들이, 잘못 해결되면 큰 혼란을 야기하지만 잘 해결되면 큰 도움
이 될 문제들이라네.

프로타르코스: 그렇다면 소크라테스 선생님, 우리는 지금 그것을 먼저 해야겠지요?

소크라테스: 그래야 할 것 같네.

프로타르코스: 우리가 모두 그 문제에 대해 선생님[의 말씀]에 동의한다고 가정해보죠. 그리고 필레보스에게는 아무 질문을 하지 않고 내버려두는 것이 좋을 것 같습니다.

D 소크라테스: 그렇게 하세. 그런데 그 문제들에 관한 크고도 복잡한
이 싸움을 어디에서 시작할까? 여기에서 시작할까?

프로타르코스: 어디에서 말입니까?

소크라테스: 논의를 통해 우리는 동일한 것이 하나가 되기도 하고
또한 여럿이 되기도 하며, 예나 지금이나 항상 잡다한 방식으로
이끌어진다고 말하네. 그리고 이것은 결코 끝나지 않을 것이고 또
E 한 금방 시작된 것도 아니지만, 내가 보기에 그것은 죽지도 않고
늙지도 않는 우리의 논의 자체가 지닌 성질이라네. 그것을 처음
접한 젊은이라면 누구나 마치 자신이 지혜라는 보물을 찾은 것처
럼 기뻐하고 또한 즐거움으로 인해 어쩔 줄 모르며, 때로는 한쪽
방향으로 굴리고 주물러 하나로 만들기도 하고 때로는 [그것을]
16 펼치고 분리시키며 모든 논의를 즐긴다네. 그는 처음이자 우선적
으로는 자기 자신을, 그런 뒤에는 자기보다 젊거나 늙거나 동년배
거나 관계없이 자신과 가까이 있는 사람을 혼란에 빠뜨리고, 이야
기를 들을 수 있는 아버지나 어머니, 또는 다른 인간은 물론이고
심지어 하등 동물도 봐주지 않으며, 어디선가 통역을 구할 수만
있다면 외국인도 봐주질 않는다네.

프로타르코스: 소크라테스 선생님, 선생님께서는 저희가 여럿이고
또한 젊다는 것을 보지 못하십니까? 선생님께서 저희를 모욕하시
면, 저희가 필레보스와 협력하여 선생님을 공격할 것이 두렵지는
않습니까? 그렇지만 저희는 선생님께서 무슨 말씀을 하시려는지
B 알고 있으니, 만약 저희의 논의에서 이런 혼란을 조용히 제거하고
그 문제에 대해 좀 더 나은 해결책을 찾을 방법이나 수단이 있다
면 계속 진행하시고, 저희는 최선을 다해 따르겠습니다. 왜냐하면
소크라테스 선생님, 이 논의는 사소한 문제가 아니기 때문입니다.

소크라테스: 필레보스가 자네들을 그렇게 부르듯이, 친구들이여! 그건 [사소한 문제가] 아니라네. 그리고 종종 나를 외롭고도 쓸쓸하게 방치해놓곤 했음에도 불구하고, 내가 항상 좋아했던 방법보다 더 나은 것은 [지금도] 없으며 또한 [앞으로도] 없을 것이라네.

프로타르코스: 그게 무엇입니까? 말씀해주십시오.

C 소크라테스: 그것은 설명하기는 쉽지만 실행하기는 어려운 것이라네. 왜냐하면 지금까지 알려진 모든 기예가 그것을 통해 드러났기 때문이네. 내가 말하는 바를 살펴보게.

프로타르코스: 말씀해주십시오.

소크라테스: 신이 인간에게 주는 선물은 프로메테우스에 의해 신
성한 곳에서 타오르는 불꽃과 함께 던져진 것이라고 나는 믿는다
네. 그리고 우리보다 더 뛰어났을 뿐만 아니라 신들과 가깝게 살
던 옛사람들은, 지금까지 존재한다고 말해졌던 모든 것들이 하나
와 여럿으로 이루어지고, 또한 그것들 내부에 유한하고 무한한 성
D 질을 갖고 있다는 이야기를 전해준다네. 그렇게 배열되어 있기 때
문에, 우리는 항상 모든 경우에 각각 한 가지 관념이 있으며, 그것
[관념]을 그곳에서 찾을 수 있으므로 그것을 탐색해야 한다고 가
정해야 하네. 그리고 우리가 그것을 파악하게 되면, 그런 뒤에 두
가지가 있으면 두 가지를, 그렇지 않으면 세 가지 또는 다른 수의
것을 탐색해야 한다네. 또한 그 최초의 하나가 하나이자 여럿이면
E 서 또한 무한하다는 것뿐만 아니라 그것이 몇 가지 종류인가를
알 때까지, 우리는 그 '하나'들을 각기 동일한 방식으로 다루어야
하네. 그리고 무한과 하나 사이에 있는 여럿의 전체 숫자를 알 때
까지, 우리는 무한이란 관념을 여럿에 적용해서는 안 된다네. 오
17 직 그 때에야 우리는 모든 '하나'들을 무한으로 놓아 보낼 수 있는
것이지. 이미 말했듯이, 신들은 우리에게 탐구하고 배우고 서로를
가르치는 방법을 전해줬지. 그런데 오늘날 지혜로운 사람들은 멋
대로 하나와 여럿을 너무 빠르거나 너무 느리게 만들어 놓고, 하

나 바로 뒤에 무한을 놓음으로써 그것들 사이에 존재하는 모든 것들을 생략하고 말았다네. 그러나 그것들은 변증론적으로 논의하는가 또는 논쟁적으로 논의하는가를 구분하는 [기준]이라네.

프로타르코스: 소크라테스 선생님, 어떤 부분은 이해할 수 있지만, 다른 부분에 대해서는 좀 더 명확한 설명이 필요합니다.

B 소크라테스: 프로타르코스, 내가 의미하는 바는 자네도 배웠던 [알파벳] 철자들의 경우에 명확하게 드러나니 그것들에서 배우게.

프로타르코스: 어떻게 말입니까?

소크라테스: 우리 개개인, 또는 우리 모두의 입을 통해 나오는 소리[음성]는 하나이지만, 그것은 또한 수적으로 무한하다네.

프로타르코스: 분명히 그렇습니다.

소크라테스: 그것이 무한하다거나 또는 그것이 하나라는 것을 안다고 해서 우리들 중 한 사람이 다른 사람보다 지혜로운 것은 아니라네. 그러나 소리의 수와 성질에 대한 앎은 우리를 문법학자로 만든다네.

프로타르코스: 매우 옳으신 말씀입니다.

소크라테스: 그리고 그것은 음악가를 만드는 것과 동일한 종류라네.

프로타르코스: 어째서 그렇습니까?

C 소크라테스: 문법에서 그렇듯이, 소리도 이 기예 가운데 하나라네.

프로타르코스: 물론 그렇습니다.

소크라테스: 높고 낮은 두 가지 소리가 있고, 또한 중간 소리인 세 번째 종류가 있네. 그렇지 않은가?

프로타르코스: 그렇습니다.

소크라테스: 그런데 이만큼 안다고 해서 자네가 음악에 대해 안다고 할 수는 없네. 비록 그만큼도 모른다면, 그것에 대해 거의 아무 것도 모르는 게 되겠지만 말일세.

프로타르코스: 맞습니다.

소크라테스: 그러나 [젊은] 친구여, [자네가 지혜로운 사람이 되는
것은] 우리 조상들이 발견해서 후손인 우리들에게 물려준 모든 것
D 들, 즉 높고 낮은 음과 관련된 음정의 수와 성질, 그리고 음정들의
한계와 그것들에서 파생된 모든 배합들을 전통적 화음의 음계들
과 함께 파악할 때, 그리고 수에 의해 측정될 뿐만 아니라 리듬과
박자라고 불려야 한다고 그들이 말하는 신체의 운동들 속에 생긴
효과들, 그리고 하나와 여럿이 모두 이런 방식으로 탐구되어야만
한다고 그들이 말하는 그런 것들을 파악할 때이네. 이 모든 것들
E 을 파악할 때 자네는 지혜로운 사람이 되며, 또한 존재하는 모든
사물들의 '하나'를 파악할 때 자네는 그것에 대해 지혜로워지는 걸
세. 그러나 무한한 수의 사물들, 그리고 그것들 각자가 지닌 무한
한 수는 모든 경우에 무한히 많은 무지한 상태를 만들며, 그 어떤
것의 수도 찾아본 적이 없던 사람은 지혜로운 사람들 가운데서
찾아지지 않는다네.

프로타르코스: 필레보스, 지금 소크라테스 선생님의 말씀은 매우 탁월해보이네.

18 필레보스: 내게도 그렇게 보이네. 그런데 선생님께서는 우리에게
왜 그런 말씀을 하시고, 또한 무엇을 말씀하시려는 것입니까?

소크라테스: 프로타르코스, 필레보스가 우리에게 이와 같은 질문을 하는 것은 매우 적절한 것이라네.

프로타르코스: 분명히 그렇습니다. 그러니 답변을 해주십시오.

소크라테스: 그 문제에 대해 조금 더 설명한 뒤에 그렇게 하겠네. 왜냐하면 어떤 사람이 하나 또는 다른 것에서 시작하면, 내가 말

했듯이 그는 즉시 무한한 것을 찾는 것이 아니라 유한한 어떤 수를 찾아야 하며, 반대의 경우에도 마찬가지로 그가 무한한 것을 먼저 찾아야 할 때, 그는 즉시 하나를 찾는 것이 아니라 각각의 경우에 다수성을 갖는 동시에 모든 것들로부터 마침내 하나로 끝나는 어떤 수를 생각하기도 해야 하기 때문이지. 이것이 의미하는 바를 설명하기 위해 다시 한 번 [알파벳] 철자들을 이용해보세.

프로타르코스: 어떻게 말입니까?

소크라테스: '테우트'라고 불리는 이집트의 [신에 관한] 이야기에서처럼, 신이나 신적인 사람이 소리가 무한하다는 것을 알게 되었을 때, 그는 무한에서의 모음이 하나가 아니라 여럿이며, 모음이 아
C 니면서도 유성음의 성질을 갖는 다른 요소들이 있고, 또한 이것들의 수가 유한하다는 점을 처음 발견했던 것이네. 그리고 그는 우리가 요즘 폐쇄음이라 부르는 세 번째 종류의 철자를 구분하기도 했네. 그런 뒤에 그는 그 폐쇄음을 다시 세분해서 개별적인 것들을 각각 구분하고, 또한 모음과 반모음을 같은 방식으로 다루어 그것들이 몇 개인가를 파악한 뒤 그것들 모두에 '철자'라는 이름을
D 붙였다네. 그러나 그는 우리 가운데 아무도 그것[철자]들 전체를 이해하지 못하고서는 그것들 가운데 어떤 한 가지도 배울 수 없다는 것을 깨닫자, 그것들을 어떤 식으로든 하나이게끔 해주는 연결고리를 생각해내고는 그것을 문법의 기예라 불렀다네.

필레보스: 프로타르코스, 나는 이전보다 더 명확하게 이해했다네. 하지만 내가 보기에 이 논의는 좀 전과 동일한 결함을 여전히 갖고 있어.

소크라테스: 필레보스, 자네는 이 모든 것들이 어떤 연관성을 갖는지 모르겠다는 것인가?

필레보스: 예. 저와 프로타르코스가 오랫동안 찾으려 했던 것이 바로 그것입니다.

Ⅰ.4 즐거움과 지혜가 혼합된 삶 (18E-22C)

E 소크라테스: 자네가 말하듯이, [어떤 것이] 늘 가까이 있었음에도 [그런 사실을 알지 못하고] 오랫동안 찾으려고 했던 [경험]이 있나?

필레보스: 무슨 말씀이십니까?

소크라테스: 처음부터 우리의 논의는 지혜와 즐거움 가운데 어떤 것이 더 좋은가에 관한 것이 아니었나?

필레보스: 물론 그랬습니다.

소크라테스: 그리고 우리는 그것들을 각각 하나라고 말하네.

필레보스: 그렇습니다.

소크라테스: 그런데 그것이 바로 이전의 논의로부터 우리에게 제시되었던 질문이라네. 즉, 어떻게 그것들이 각각 하나이자 여럿인가, 어떻게 그것들이 즉시 무한하게 되지 않고 각각 무한하게 되기 전에 유한한 수를 갖게 되었는가?

19 프로타르코스: 필레보스, 소크라테스 선생님께서는 우회적인 방식
으로 우리를 심각한 문제에 빠뜨렸네. 우리들 가운데 누가 그에
대해 답변해야 한다고 생각하나? 내가 논쟁에서 자네 자리를 차지
B 하고는 내가 답변할 수 없다고 해서 자네에게 돌아와 답변해달라
고 요구하는 것은 아마도 어리석은 일일 걸세. 하지만 우리들 가운데 누구도 답변할 수 없다면 그것은 더 어리석은 일이네. 그렇다면 우리가 무엇을 해야 할 것인지에 대해 생각해보게. 왜냐하면 소크라테스 선생님께서는 우리에게 여러 가지 종류의 즐거움들이 있는지 또는 없는지, 그리고 얼마나 많은 종류의 것들이 있고 또한 [그 즐거움들이] 어떤 성질을 갖고 있는지에 대해 질문하시는 것처럼 보이기 때문이네. 그리고 이런 종류의 질문들은 지혜에도 적용된다네.

소크라테스: 칼리아스[3]의 아들이여, 자네의 말이 매우 옳다네. 왜냐하면 우리가 '하나', '비슷한 것', '동일한 것', 그리고 '반대의 것'의 경우에 모두 이것을 할 수 없다면, 우리 모두는 어떤 것에 대해서든 아무런 쓸모가 없을 것이기 때문이네.

C 프로타르코스: 소크라테스 선생님, 그 말씀은 상당히 그럴 듯해 보
입니다. 하지만 지혜로운 사람이 모든 것에 대해 아는 것은 좋은
것이겠으나, 자기 자신에 대해 알지 못하는 것을 두 번째로 좋다
고는 할 수 없을 것 같습니다. 제가 왜 지금 그런 말을 하는지 선
생님께 설명을 드리겠습니다. 소크라테스 선생님, 선생님께서는
저희가 이런 대화를 하도록 허용해주시고, 인간이 가진 것들 가운
데 가장 좋은 것이 무엇인가를 결정하도록 도와주셨습니다. 왜냐
하면 그것[인간이 가진 것들 가운데 가장 좋은 것]이 즐거움과 기
쁨과 유쾌함, 그리고 그런 종류의 것들이라고 필레보스가 말했을
때, 선생님께서는 [그 말에] 반대하시면서 그것은 그런 것들이 아
D 니라 다른 종류의 것들이라고 말씀하셨고, 또한 아주 적절하게도
저희는 그 두 가지 모두를 기억 속에서 검토하기 위해 자발적으
로 계속 상기하고 있기 때문입니다. 선생님께서는 최소한 즐거움
보다 더 낫다고 옳게 말해질 수 있는 좋음은 지성, 지식, 이해력,
기예, 그리고 그와 유사한 모든 것이며, 저희가 다른 것들이 아니
라 이런 것들을 획득해야 한다고 말씀하셨습니다. 이러한 상반된
E 입장들이 서로 대치하게 되었을 때, 저희는 이 논의가 만족스러운
결론에 도달하기 전에는 선생님을 댁에 보내드리지 않겠다고 장
난스럽게 위협했습니다. 선생님께서는 이에 동의하시고 스스로를
저희에게 맡기셨으므로, 저희는 한 번 제대로 줬던 선물을 다시
가져갈 수는 없다고 어린아이들처럼 말했습니다. 그러므로 저희
가 방금 말한 것을 모두 이런 식으로 다루지 않으셨으면 합니다.

소크라테스: 그게 무슨 말인가?

20 프로타르코스: 선생님께서는 저희를 혼란스럽게 하시고, 또한 저희

가 지금 만족스러운 답을 제시할 수 없는 [어려운] 질문을 하신다는 겁니다. 우리가 현재 논의하는 목적이 단순히 저희를 혼란스럽게 하려는 것이라고 생각해서는 안 될 것입니다. 저희가 답변하지 못하면, 선생님께서 하셔야 됩니다. 왜냐하면 선생님께서 약속을 하셨기 때문입니다. 그러므로 지금 논란이 되는 문제들을 해결할 어떤 방법을 보일 수 있고 또한 보이고자 하신다면, 선생님께서는 즐거움과 지식의 다양한 종류들을 구분하실 것인지, 아니면 그대로 둘 것인지를 결정하셔야 합니다.

B 소크라테스: 자네가 그런 식으로 말하니, 내가 더 이상 걱정할 것은 없겠군. 왜냐하면 '만약 선생님께서 … 하고자 하신다면'이란 표현이 모든 두려움을 없애주기 때문이지. 게다가 신들 가운데 한 분이 내게 어떤 기억을 줬던 것 같다네.

프로타르코스: 어떻게 [기억을 줬다는 것이고], 또한 [그 기억은] 무엇에 관한 것이었습니까?

소크라테스: 내가 지금 기억하기로는, 그것은 예전에 내가 꿈을 꾸
고 있거나 또는 아마도 깨어있을 때 즐거움과 지혜에 관해 들었
던 것인데, 그것들 가운데 어떤 것도 좋은 것이 아니고, 그것들과
C 다를 뿐만 아니라 그것들보다 더 좋은 세 번째 것이 있다는 이론
이었다네. 그러나 만약 지금 이것이 우리에게 명백하게 입증된다
면, 즐거움은 승리하지 못하게 된다네. 왜냐하면 좋음이 더 이상
그것과 동일할 수 없기 때문이지. 그렇지 않은가?

프로타르코스: 그렇습니다.

소크라테스: 그러므로 우리가 더 이상 즐거움의 종류들을 구분할 필요가 없으리라는 것이 내 생각이네. [이 말은] 논의가 진행됨에 따라 더 분명해질 것이네.

프로타르코스: 매우 훌륭하신 말씀입니다. 모두 말씀해주십시오.

소크라테스: 그러나 우리가 먼저 동의해야 할 몇 가지 사소한 것들이 있다네.

프로타르코스: 어떤 것들입니까?

D 소크라테스: 좋음은 필연적으로 완전한 것인가 또는 불완전한 것인가?

프로타르코스: 모든 것들 가운데 가장 완전한 것입니다, 소크라테스 선생님.

소크라테스: 그렇다면 좋음은 만족스러운 것인가?

프로타르코스: 물론입니다. 그리고 그것은 만족도에 있어서 다른 어떤 존재자들보다 우수합니다.

소크라테스: [좋음에 대해서] 이런 점을 반드시 말해야 할 것으로 생각되네. 즉, 그것을 인지하는 모든 피조물은 그것을 추구하고 탐색하며, 구해서 움켜잡으려 하고, 또한 좋음과 관련된 것 이외의 다른 어떤 것에도 관심을 갖지 않는다네.

프로타르코스: 그것을 부정할 수는 없습니다.

E 소크라테스: 즐거움의 삶과 지혜의 삶을 나누어서 살펴보고 판단해보세.

프로타르코스: 무슨 말씀이십니까?

소크라테스: 즐거움의 삶에는 지혜가 없고, 지혜의 삶에는 즐거움이 없다고 [가정]해보세. 왜냐하면 만약 그것들[즐거움의 삶과 지혜의 삶] 가운데 하나가 좋음이라면, 그것은 다른 어떤 것을 필요
21 로 하지 않을 것이며, 또한 만약 그것들 가운데 하나가 어떤 것을 결여한다면, 그것은 더 이상 우리에게 참된 좋음이 아닐 것이네.

프로타르코스: 어찌 그렇겠습니까?

소크라테스: 그렇다면 자네를 통해 그것들을 시험해볼까?

프로타르코스: 좋습니다.

소크라테스: 그럼 답변해보게.

프로타르코스: 말씀하십시오.

소크라테스: 프로타르코스, 자네는 가장 큰 즐거움을 즐기며 평생 살아가겠는가?

프로타르코스: 왜 안 그렇겠습니까?

소크라테스: 자네가 [그 즐거움을] 완전히 소유하고 있다면, 자네는 다른 어떤 것이 필요하다고 생각하겠는가?

프로타르코스: 결코 그렇지 않습니다.

B 소크라테스: 하지만 자네가 지혜, 지성, 그리고 추론이나 또는 그런 종류의 것들을 필요로 할 수도 있지 않겠는가?

프로타르코스: [제가] 왜 그러겠습니까? 제가 즐거움을 갖는다면, 저는 모든 것을 갖는 것이 될 텐데요.

소크라테스: 그렇다면 그런 식으로 산다는 것은 자네가 평생 가장 큰 즐거움을 향유하고 있는 것이겠지?

프로타르코스: 어찌 안 그렇겠습니까?

소크라테스: 그러나 만약 자네가 지성이나 기억이나 지식이나 참된 의견을 갖고 있지 않다면, 무엇보다도 자네가 즐거움을 향유하는지 또는 그렇지 않은지를 알 수 없을 것이네. 자네가 지혜를 완전히 결여하고 있다면, 필연적으로 그렇지 않겠는가?

C 프로타르코스: 필연적으로 그렇습니다.

소크라테스: 또한 만약 자네가 기억을 갖고 있지 않다면, 자네가

즐거움을 향유했다는 것을 필연적으로 기억할 수 없고, 또한 당장의 즐거움에 대한 어떤 기억도 남을 수 없을 것이네. 만약 자네가 참된 기억을 가질 수 없다면, 자네가 즐거움을 향유할 때 그것을 향유한다는 것을 생각할 수 없을 것이며, 또한 자네가 추론을 할 수 없다면, 자네가 미래에 향유할 것에 대해 추론할 수 없을 것이네. [그렇게 된다면] 자네의 삶은 사람의 것이 아니라 허파를 가진 다른 동물이나 또는 몸이 껍질로 둘러싸인 바다 동물의 삶일 것이네. 이것이 옳은가, 아니면 다른 어떤 것을 생각해볼 수 있는가?

<u>프로타르코스</u>: [다른 어떤 것을] 어떻게 [생각할 수 있겠습니까]?

<u>소크라테스</u>: 그렇다면 우리는 그런 종류의 삶을 선택할 수 있겠는가?

<u>프로타르코스</u>: 소크라테스 선생님, 그 주장은 지금 저로 하여금 전혀 아무런 말도 할 수 없게 만들었습니다.

<u>소크라테스</u>: 아직 약해지지 말고, 계속해서 지성의 삶을 살펴보도록 하세.

<u>프로타르코스</u>: 어떤 종류의 삶을 말씀하시는 겁니까?

E <u>소크라테스</u>: 우리 가운데 한 사람이 지혜와 지성과 지식, 그리고 모든 것에 대한 완전한 기억을 갖고 있지만 크고 작은 즐거움이나 괴로움을 공유하지 않으며, 그럼으로써 그런 종류의 것에 의해 전혀 아무런 영향을 받지 않는 삶을 살고자 한다고 가정해보세.

<u>프로타르코스</u>: 소크라테스 선생님, 그 두 가지 가운데 어떤 삶도 제게는 선택할 만한 것으로 보이지 않으며, 제 생각에는 다른 사람에게도 그렇게 보이지 않을 것 같습니다.

22 <u>소크라테스</u>: 그렇다면 프로타르코스, 그 두 가지를 섞어서 나오는 혼합된 [삶]은 어떤가?

<u>프로타르코스</u>: 즐거움과 지성 또는 지혜[의 혼합]을 말씀하시는 겁

니까?

소크라테스: 그렇다네. 나는 그런 것들을 말하는 것이네.

프로타르코스: 모두가 그 두 가지 가운데 하나보다는 예외 없이 그 삶을 선택할 것입니다.

소크라테스: 그런데 지금 우리의 논의에서 어떤 결과가 나오는지 알고는 있는가?

B 프로타르코스: 그렇습니다. 세 가지 삶이 제시되었고, 그 가운데 두 가지는 사람이나 다른 동물에게 만족스럽거나 선택할만한 것이 아니라는 것이지요.

소크라테스: 그렇다면 그 두 가지 가운데 어떤 것도 좋음을 갖고 있지 않다는 것이 이미 분명하지 않은가? 만약 어떤 것이 좋음을 담고 있다면, 그것은 만족스럽고 완전하며, 또한 일생동안 살아갈 모든 동물들이 선택할만한 것이었을 테니 말일세. 그리고 만약 우리 가운데 누군가가 다른 어떤 것을 선택한다면, 그는 자신의 의지가 아니라 무지 또는 피할 수 없는 어떤 필연성 때문에 진정으로 선택할만한 본성을 지닌 것과 상반된 것을 선택하는 것이네.

프로타르코스: 그것은 그런 것 같습니다.

C 소크라테스: 따라서 나는 필레보스가 [언급했던 즐거움의] 여신을 좋음과 동일하다고 생각해서는 안 된다는 점을 충분히 입증했다고 생각하네.

필레보스: 그러나 소크라테스 선생님, 선생님께서 [언급하셨던] '지성'도 좋음이 아닙니다. 동일한 반론이 그것에도 적용됩니다.

Ⅰ.5 우주 내에 존재하는 4가지 존재자들 (22D-31A)

소크라테스: 필레보스, 아마도 내가 [언급했던 지성에도 그것이 적용될 것이네]. 하지만 참된 동시에 신적인 지성은 다소 다르다고 나는 생각하네. 나는 지성이 혼합된 삶을 이기고 일등상을 받아야
D 한다고 주장하는 것은 아니지만, 이등상을 받으려면 무엇을 해야 할 것인지에 대해 살피고 검토해야 한다는 것이네. 왜냐하면 한편으로는 지성이 혼합된 삶의 원인이고, 다른 한편으로는 즐거움이 원인이며, 따라서 이 두 가지 가운데 그 어떤 것도 좋음일 수 없으나 그것들 가운데 하나가 '[좋음의] 원인'이라고는 생각할 수 있기 때문이지. 나는 필레보스와 반대로, 혼합된 삶 속의 요소를 선
E 택할만한 것인 동시에 좋은 것이게끔 만드는 것이 무엇이든, 즐거움보다는 지성이 그것과 더 가깝고도 비슷한 것이라고 기꺼이 주장할 것이네. 그리고 이런 관점에서 보면, 즐거움이 사실상 일등상이나 이등상을 받아야 한다고 주장할 수는 없을 것이네. 만약 지금 내 생각에 동의한다면, 그것은 삼등상과도 거리가 멀 것이네.

23 프로타르코스: 지금 즐거움이 승리를 위해 싸우다가 선생님의 말씀에 얻어맞아 쓰러진 것처럼 보입니다, 소크라테스 선생님. 그리고 지성이 일등상을 받기 위해 싸우지 않은 것은 현명하다고 말할 수 있을 겁니다. 왜냐하면 그것은 [즐거움과] 동일한 운명에 처했을 것이기 때문입니다. 그러나 만약 즐거움이 이등상도 받지 못하게 된다면, 그녀[즐거움][4]는 그녀를 사랑하는 사람들 앞에서 굴욕을 당하게 될 것입니다. 그녀는 그들에게조차 전에 그랬던 것만큼 사랑스러워 보이지 않을 것이기 때문입니다.

소크라테스: 그렇다면 어떻다는 건가? 끝까지 검토하여 그녀가 틀렸다는 것을 증명함으로써 그녀를 괴롭게 하는 것보다 지금 그대로 내버려두는 것이 낫지 않겠는가?

프로타르코스: 말도 안 됩니다, 소크라테스 선생님.

B 소크라테스: 왜 그런가? 즐거움에게 괴로움을 안겨준다고 내가 말한 것이 불가능하기 때문인가?

프로타르코스: 그뿐만이 아니라 저희들 가운데 누구도 이 문제에 대한 논의를 끝내기전까지는 선생님을 보내드리지 않으리라는 것을 선생님께서 이해하지 못하고 계시기 때문입니다.

소크라테스: 이런, 프로타르코스, 기나긴 논의가 놓여있기 때문에, 이번에는 그것이 결코 쉽지 않겠군. 지성이 이등상을 받기 위해 싸우려면 이전의 논의에서 [사용했던] 무기와는 다른 도구가 필요할 테니 말일세. 비록 일부는 같은 것들이지만 말이지. 그렇다면 계속 진행할까?

프로타르코스: 물론입니다.

C 소크라테스: 그렇다면 조심스럽게 우리의 출발점을 설정해보세.

프로타르코스: 어떤 종류의 [출발점]을 말씀하시는 겁니까?

소크라테스: 현재 우주 내에 존재하는 모든 것들을 두 가지, 또는 자네가 원한다면, 세 가지로 나누어 보게.

프로타르코스: 어떤 기준에 따라 [나눌 것인지] 말씀해주시겠습니까?

소크라테스: 현재의 논의들 가운데서 몇 가지를 골라 보세.

프로타르코스: 어떤 종류의 것들입니까?

소크라테스: 신은 존재하는 것들을 한정된 것[한정자 또는 한계가 있는 것]와 한정되지 않은 것[무한정자 또는 한계가 없는 것]으로 나누었다고 우리는 말했었네.

프로타르코스: 그렇습니다.

소크라테스: 그렇다면 이것들을 두 가지 종류로 [설정하고], 이
D 두 가지를 혼합해서 나오는 것을 세 번째 것으로 설정하세. 그
러나 종류를 나누고 수를 세려고 시도하는 내가 어리석어 보일
수도 있을 거야.

프로타르코스: 무슨 말씀이십니까, 선생님.

소크라테스: [내게는] 네 번째 종류의 것이 필요할 것으로 보이네.

프로타르코스: 그것이 무엇인지 말씀해주십시오.

소크라테스: 그 두 가지[무한정자와 한정자]를 혼합시키는 원인을 그 세 가지에 덧붙여 네 번째 종류의 것이라고 가정해보세.

프로타르코스: 그렇다면 선생님께서는 분리시키는 힘을 가진 다섯 번째 종류의 것을 필요로 하지 않으시겠습니까?

소크라테스: 아마도 그렇겠지만, 지금 당장 그렇지는 않을 것이라
E 고 나는 생각하네. 그러나 만약 내가 그것을 필요로 하는 경우에,
내가 그것을 추구하더라도 자네가 양해해주길 바라네.

프로타르코스: 물론입니다.

소크라테스: 먼저 그 네 가지 가운데 세 가지를 떼어내면, 그 가운데 두 가지는 쪼개지고 찢겨서 다수가 되는 것을 보게 되므로, 그것들 각각이 어떻게 하나인 동시에 여럿이 되는가를 알기 위해 그것들을 다시 하나로 모으기 위해 노력해보세.

프로타르코스: 만약 그것들에 대해 좀 더 명료하게 말씀해주신다면, 아마도 제가 따를 수 있을 겁니다.

24 소크라테스: 내가 선택한 두 가지란 방금 언급했던 한정되지 않은
것과 한정된 것을 말하는 것이네. 나는 한정되지 않은 것이 어떤
의미로는 여럿임을 보이기 위해 노력할 것이네. 한정된 것에 대한
논의는 조금 기다리게.

프로타르코스: 그것은 조금 기다려도 됩니다.

소크라테스: 그렇다면 검토해보세. 내가 자네에게 검토하라는 문제는 어렵고도 논란의 여지가 있지만, 그럼에도 검토해보세. 먼저 '더 뜨거움'과 '더 차가움'의 경우에 그것들의 한계를 생각할 수 있
B 는가, 또는 이런 종류에 속하는 '더 많음'과 '더 적음'은 그것들이 그것에 속하는 한에 있어서 끝이 있을 수 있는가를 살펴보세. 왜냐하면 끝이 있다는 것은 ['더 많음'과 '더 적음'] 자체가 끝났다는 것이기 때문이네.

프로타르코스: 매우 옳으신 말씀입니다.

소크라테스: 그러나 '더 뜨거움'과 '더 차가움' 속에 항상 '더 많음'과 '더 적음'이 있다고 우리는 주장한다네.

프로타르코스: 확실히 그렇습니다.

소크라테스: 항상 그 주장은 그것들이 끝을 갖지 않음을 보여주며, 끝이 없으므로 그것들은 전체적으로 무한하다네.

프로타르코스: 강력히 [동의합니다], 소크라테스 선생님.

C 소크라테스: 좋은 [답변이네], 프로타르코스, 자네가 방금 언급했던 '강력함,' 그리고 '위약함'은 '더 많음'과 '더 적음'과 동일한 힘을 갖고 있음을 내게 상기시켜줬네. 그것들이 어디에 있든, 그것들은 '정해진 양'의 존재를 허용하지 않는다는 것이네. 그것들은 모든 활동에서 항상 '더 약함'보다 '더 강함'이나 또는 그 반대의 것에 [한계를] 설정함으로써 '더 많음'과 '더 적음'을 산출하며, 그렇게 해서 '정해진 양'을 제거하는 것이지. 왜냐하면 내가 방금 말했듯
D 이, 그것들이 '정해진 양'을 제거하지 않고, '더 많음'과 '더 적음' 또는 '더 강함'과 '더 약함'의 자리에 그것[정해진 양]이나 '정해진 정도'를 허용하게 되면, 그것들이 그것들의 자리에서 쫓겨나게 되기 때문이네. 그것들이 '정해진 양'을 갖게 되면, 더 이상 그것들은 '더 뜨거움'이나 또는 '더 차가움'이 아닐 것이네. 왜냐하면 '더 뜨

거움'과 '더 차가움'은 항상 진행하며 결코 머물지 않는 반면에, '정해진 양'은 정지해있고 진행을 멈추기 때문이지. 이 추론에 따르면, '더 뜨거움'은 그것의 반대와 마찬가지로 한정되지 않았다는 것이네.

프로타르코스: 그렇게 보입니다, 소크라테스 선생님. 하지만 선생
E 님께서도 말씀하셨듯이, 이것들은 따르기[이해하기]가 쉽지 않습니다. 그러나 재차 반복하면, 아마도 질문자와 질문을 받은 사람 사이에 만족스러운 합의에 이를 겁니다.

소크라테스: 좋은 말이네, 그러면 그렇게 해보세. 그러나 모든 경우를 장황하리만치 길게 고찰하지 않도록 하기 위해, 이것을 한정되지 않은 것의 본성적 특징으로 인정할 것인지를 살펴보세.

프로타르코스: 무엇을 말씀하시는 겁니까?

25 소크라테스: '더 많거나 더 적어질 수 있는 것' 또는 '더 강하거나 더 약한 것' 또는 '너무 많거나 또는 그런 종류의 것으로 우리에게 나타나는 모든 것'들은 한정되지 않은 것의 부류에 전체적으로 포함되어야만 한다네. 자네가 기억할지 모르겠으나, 우리가 이전에 말했던 것처럼, 우리는 쪼개지고 찢겨진 모든 것들을 모아 최선을 다해서 그것들의 단일한 본성을 부여해야만 한다네.

프로타르코스: 기억합니다.

소크라테스: 그렇다면 그런 것들['더 많음'과 '더 적음,' 그리고 그런 종류의 것들]은 인정하지 않으면서 그것들과 상반된 것들은 인정
B 하는 것들, 즉 무엇보다도 균등함과 균등성, 균등함 뒤에는 2배수가 되는 것들, 그리고 수와 수 또는 잣대와 잣대로서 관련된 모든 것들. 이 모든 것들을 한정되어 있음[또는 한계가 있음]으로 설명한다면, 우리는 잘 처리했다고 생각되네. 자네는 무슨 말을 하겠는가?

프로타르코스: 훌륭하십니다, 소크라테스 선생님.

소크라테스: 좋아, 그렇다면 그 두 가지의 혼합에서 나온 세 번째 종류의 특징에 대해서는 우리가 무슨 말을 하겠는가?

프로타르코스: 제 생각에는 선생님께서 제게 말씀해주셔야 할 것 같습니다.

소크라테스: 오히려 신께서 말씀해주실 거네. 만약 어떤 신께서 내 기도에 귀를 기울이신다면 말이야.

프로타르코스: 그렇다면 기도하고 지켜보십시오.

소크라테스: 나는 지켜보고 있다네. 프로타르코스, 내 생각에는 방금 그[신]들 가운데 한 분이 우리에게 호감을 갖고 계신 것 같네.

C 프로타르코스: 어째서 그렇게 되며, 또한 어떤 확증을 갖고 계십니까?

소크라테스: 물론 자네에게 말해주겠네. 자네는 내 말을 따라오게.

프로타르코스: 말씀만 하십시오.

소크라테스: 우리는 방금 '더 뜨거움'과 '더 차가움'에 대해 얘기했네. 그렇지 않은가?

프로타르코스: 그랬습니다.

소크라테스: '더 건조함'과 '더 축축함,' '더 많음'과 '더 적음,' '더 빠름'과 '더 느림,' '더 큼'과 '더 작음,' 그리고 이전에 우리가 '더 많음'과 '더 적음'을 하나의 본성으로 분류한다고 인정했던 모든 것들을 그것들['더 뜨거움'과 '더 차가움']에 더해보게.

D 프로타르코스: 한정되지 않은 것의 [본성을] 말씀하시는 겁니까?

소크라테스: 그렇다네. 다음 단계로 넘어가 그것을 한정된 것의 종류와 섞어보게.

프로타르코스: 어떤 종류를 말씀하시는 것입니까?

소크라테스: 한정되지 않은 것의 종류에 대해 했던 것과는 달리, 우리가 지금까지 하나로 합하지 않았던 한정자의 종류 말일세. 만약 그 두 가지를 합함으로써 그것이 명백해진다면, 아마도 우리는 지금이라도 [그 목적을] 완성할 수 있을 것이네.

프로타르코스: 그것은 어떤 종류이고, 또한 어찌 그렇게 된다는 것입니까?

E 소크라테스: 균등함과 2배수, 그리고 상반된 것들의 차이점들을 해소시키고 또한 정해진 숫자를 부과함으로써 그것들을 측정할 수 있고 조화롭게 만드는 모든 것의 종류를 말하는 걸세.

프로타르코스: 알겠습니다. 선생님께서는 이것들을 혼합함으로써 각각의 경우에 어떤 것들이 생성된다는 것을 말씀하시는 것처럼 보입니다.

소크라테스: 정확하게 보았네.

프로타르코스: 계속 말씀하십시오.

소크라테스: 질병의 경우에, 그것들의 올바른 혼합은 건강의 상태를 가져오지 않겠는가?

26 프로타르코스: 전적으로 그렇습니다.

소크라테스: 그런데 한정되지 않은 것들에 속하는 높음과 낮음, 그리고 빠름과 느림의 경우에 그것들이 더해짐으로써 한정을 하게 되며, 또한 음악 전체가 완전해지는 것이 아니겠는가?

프로타르코스: 훌륭하십니다.

소크라테스: 또한 춥고 더운 경우에, 그것[한정]의 도입은 과도함과 한정 없음을 제거하게 되는 한편, 적절함과 조화로움을 완성한다는 것이지.

프로타르코스: 물론입니다.

B 소크라테스: 한정되지 않은 것과 한정된 것이 혼합됨으로써, 계절들과 우리 세계의 아름다움도 생기는 것이겠지?

프로타르코스: 어찌 안 그렇겠습니까?

소크라테스: 그리고 내가 언급하지 않고 남겨둔 수없이 많은 다른
것들이 있다네. 건강, 아름다움, 신체의 강건함, 영혼의 다양한 아
름다움 같은 것들 말일세. 프로타르코스, 우리의 즐거움에도 [한
계가 없고], 또한 그것[즐거움]을 충족시키는 데도 한계가 없기 때
C 문에, 난폭함과 모든 사악함을 내려다본 여신은 한계를 지닌 법과
질서를 정했던 것이네. 자네는 그 여신이 [사람들을] 걱정시킨다
고 말하겠지만, 반대로 나는 구원하리라고 말하겠네. 자네가 보기
에는 어떤가, 프로타르코스?

프로타르코스: 소크라테스 선생님, 제 생각에도 그렇습니다.

소크라테스: 자네도 알겠지만, 나는 세 가지를 말했다네.

프로타르코스: 저도 이해할 것 같습니다. 제 생각에 선생님께서는 한정되지 않는 것이 한 가지이고, 또한 한정되는 것이 존재하는 것들 가운데 또 다른 한 가지라고 말씀하고 계십니다. 그러나 세 번째 것에 대해서는 무슨 말씀을 하시려는지 잘 모르겠습니다.

D 소크라테스: 그것은 자네가 세 번째 것의 다수성에 압도되었기 때문이네, 나의 멋진 친구여. 한정되지 않은 것들도 다수성을 갖지만, 그것들이 '더 많음'이나 '더 적음'으로 밀봉되어 있기 때문에 하나로 보였던 것이지.

프로타르코스: 사실입니다.

소크라테스: 한정된 것은 여럿을 포함하지 않으며, 또한 우리는 그것의 본성적인 단일성에 대해서도 불만스러워하지 않는다네.

프로타르코스: 물론 그렇지 않습니다.

소크라테스: 전혀 그렇지 않다네. 그리고 세 번째 종류와 관련하여, 나는 그것들[한정되지 않은 것과 한정된 것]의 모든 소산물들을 하나로 간주하는데, 이것은 한정된 것의 도움을 통해 완성되는 척도의 결과에서 생성된 것을 말하네.

프로타르코스: 알고 있습니다.

E 소크라테스: 그러나 우리는 세 가지 종류 이외에 네 번째 종류를 탐구해야 한다고 말했었네. 함께 탐구해보세. 생성되는 모든 것이 필연적으로 원인을 통해 생성되어야 한다고 자네가 생각하는지 살펴보세.

프로타르코스: 저는 그렇게 생각합니다. 어떻게 그것이 아무런 원인이 없이 생성될 수 있겠습니까?

소크라테스: 제작자[만드는 자]의 본성은 원인자[원인을 야기하는 자]의 본성과 이름만 다르며, 제작자와 원인자가 하나라고 불리는 것이 올바르지 않겠는가?

프로타르코스: 옳습니다.

27 소크라테스: 그렇다면 그와 마찬가지로 제작된 것이 생성된 것과 이름만이 다르다는 것을 알 수 있을 것이네. 그렇지 않은가?

프로타르코스: 그렇습니다.

소크라테스: 제작자는 항상 본성에 따라 이끌어가며, 피제작자[만들어지는 대상]는 생성됨으로써 그것[제작자]을 뒤따른다네.

프로타르코스: 분명히 그렇습니다.

소크라테스: 생성에서 원인은 원인에 종속된 것과는 다르며, 같지 않다네.

프로타르코스: 물론입니다.

소크라테스: 생성된 것들과 그것이 생성되어 나오는 [근원]들이 우리에게 세 가지 종류의 것들 모두를 제공하지 않는가?

프로타르코스: 그렇습니다.

B 소크라테스: 그렇다면 우리는 이 모든 것들을 야기하는 것, 즉 원인이 네 번째 종류의 것이라고 말할 수 있지 않겠는가? 그것은 다른 것들과 다르다는 점이 밝혀졌으니 말일세.

프로타르코스: 그것은 분명히 다릅니다.

소크라테스: 네 가지 종류의 것들이 구분되었으니, 그것들을 하나하나 기억하기 위해서는 그것들을 순서대로 열거하는 것이 옳을 것이네.

프로타르코스: 물론입니다.

C 소크라테스: 나는 첫 번째 것을 한정되지 않은 것, 두 번째 것을 한정된 것, 그리고 세 번째 것을 그 둘의 혼합에서 생성되는 어떤 것이라고 부르네. 그리고 이 혼합과 생성의 원인을 네 번째 것이라고 불러도 잘못은 아니겠지?

프로타르코스: 어찌 그렇겠습니까?

소크라테스: 자, 다음으로 우리가 할 논의는 무엇이고, 또한 우리가 그것을 통해 도달하려고 했던 것은 무엇인가? 이런 것이 아니었던가? 우리는 이등상이 즐거움에 속하는가 또는 지혜에 속하는가를 탐구했었네. 그렇지 않은가?

프로타르코스: 그렇습니다.

소크라테스: 그것들을 그렇게 구분했으니, 아마도 지금 우리는 우리의 최초 논의 주제였던 일등상과 이등상에 대한 판단을 더 잘할 수 있지 않겠는가?

프로타르코스: 아마도 그럴 겁니다.

D 소크라테스: 우리는 즐거움과 지혜가 혼합되어 있는 삶이 우승자라고 했었네. 그렇지?

프로타르코스: 그렇습니다.

소크라테스: 우리는 그것이 어떤 삶이고 또한 어떤 종류에 속하는가를 알지 못하는가?

프로타르코스: 어찌 알지 못하겠습니까?

소크라테스: 내 생각에, 그것은 세 번째 종류의 한 부분이라고 말할 수 있을 것이네. 왜냐하면 그것은 두 가지[의 혼합]이 아니라 '한정된 것에 의해 묶인 한정되지 않은 모든 것들'의 혼합이기 때문이지. 따라서 승리한 삶이 이런 종류의 일부분이라고 말하는 것이 옳다네.

프로타르코스: 맞습니다.

E 소크라테스: 자! 필레보스, 자네의 삶 가운데 어떤 부분이 혼합되지 않은 즐거움인가? 그것이 앞에서 말한 종류들 가운데 어떤 것에 속한다고 말하는 것이 옳은가? 그것을 설명하기 전에, 다음 질문에 답변하게.

필레보스: 말씀하십시오.

소크라테스: 즐거움과 괴로움은 한정된 것들인가 또는 그것들은 더 많음과 더 적음을 허용하는 것들에 속하는가?

필레보스: 예. 그것들은 더 많음을 허용하는 것들에 속합니다, 소크라테스 선생님. 왜냐하면 즐거움이 수나 정도에서 무한하지 않다면, 그것은 절대적인 좋음이 아니기 때문입니다.

28 소크라테스: 괴로움도 절대적인 나쁨은 아니라네, 필레보스. 즐거움에 좋음의 일부를 제공하는 것은 무한한 것이 아니며, 따라서

우리는 다른 것을 찾아야만 한다네. 나는 자네에게 이것[즐거움]이 무한함의 종류에 속한다고 하겠네. 그러나 프로타르코스와 필레보스, [자네들은] 지혜와 지식과 지성을 우리가 앞에서 말했던 것들 가운데 어떤 것에 배속시켜야 불경함을 피할 수 있겠는가? 내 생각에는 우리의 현재 질문에 올바르게 답변을 하는가 또는 못하는가에 따라 위험이 적지 않을 수도 있네.

B 필레보스: 소크라테스 선생님, 선생님께서는 자신의 신을 지나치게 찬양하시는군요.

소크라테스: 자네는 자네의 여신을 그렇게 하는군, 친구여. 그렇지만 그럼에도 우리는 그 질문에 답변을 해야 하네.

프로타르코스: 소크라테스 선생님께서 올바르게 말씀하시는군, 필레보스. 자네는 선생님의 말씀에 따라야 하네.

필레보스: 자네가 나를 위해서 [대신] 답변하기로 선택되지 않았던가, 프로타르코스?

프로타르코스: 분명히 그랬지. 하지만 지금 나는 당혹스럽네. 그리고 소크라테스 선생님, 저는 선생님께서 저희의 대변인이 되셔서 저희가 논쟁 상대에게 잘못을 범하거나 부적절한 이야기를 하지 않도록 해주시길 간청합니다.

C 소크라테스: 자네 말을 따르겠네, 프로타르코스. 그건 전혀 어려운 일이 아니니까 말일세. 그러나 내가 지성과 지식이 어떤 종류의 것에 배속되느냐고 질문했을 때, 내가 [그것들을] 장난스럽게 찬양함으로써 자네를 당황하게 했던 것인가?

프로타르코스: 분명히 그러셨습니다, 소크라테스 선생님.

소크라테스: 그러나 그것은 쉬운 [문제]라네. 왜냐하면 모든 현자들은 지성이 하늘과 땅의 왕이라는 데 동의함으로써, 그들이 스스로를 찬양하기 때문이지. 아마도 그들이 옳을 걸세. 그러나 자네가

원한다면, 그 종류에 대한 질문을 좀 더 길게 살펴보세.

D 프로타르코스: 길이는 신경 쓰지 마시고, 원하는 대로 말씀하세요, 소크라테스 선생님. 저희는 [선생님의 설명을] 싫어하지 않으니까요.

소크라테스: 좋은 말이네. 그렇다면 질문을 하면서 시작해보세.

프로타르코스: 어떻게요?

소크라테스: 프로타르코스, 우리는 모든 사물들과 우주라 불리는 이것이 비지성적이고 무계획적인 힘과 우연에 의해 지배된다고 말해야 하는가, 또는 반대로 우리의 선조들이 말했듯이, 지성과 훌륭한 지혜에 의해 정돈되고 조종된다고 말해야 하는가?

E 프로타르코스: 훌륭한 소크라테스 선생님, 그것들은 전혀 같지 않습니다. 왜냐하면 선생님께서 지금 말씀하시는 것이 제게는 경건해 보이지 않기 때문입니다. 지성이 모든 것을 통제한다는 주장은 우주, 태양, 달, 별, 그리고 회전 운동을 하는 모든 것의 광경에 적절합니다. 저는 결코 그것에 대해 달리 말하거나 [또는 달리 주장하는 것을] 믿지 않을 것입니다.

29 소크라테스: 자네는 우리가 이것을 지지하는 선조들의 주장에 동의하길 원하는가? 즉, 남들의 말을 아무런 위험이 없이 반복하려고 다짐하는 것은 물론이고, 어떤 강력한 자가 나타나 [이 세계가 질서정연하지] 않고 무질서하다고 주장하는 경우에 위험과 비난까지 기꺼이 공유하는 것을 말일세.

프로타르코스: 어찌 그렇지 않길 원하겠습니까?

소크라테스: 그렇다면 지금 우리에게 반대되는 논의를 살펴보세.

프로타르코스: 말씀하십시오.

B 소크라테스: 모든 동물들의 본성에 속하는 요소들, 즉 불, 물, 공기, 그리고 (폭풍우에 시달린 선원들이 목전에 놓인 육지라고 부르는)

흙이 그 구조 속에 있음을 우리는 목격한다네.

프로타르코스: 정말 그렇습니다. 우리는 현재 논의의 어려움으로 인한 폭풍우에 시달리고 있답니다.

소크라테스: 그렇다면 우리에게 있는 그것들[불, 물, 공기, 흙]을 각각 이렇게 이해하게.

프로타르코스: 어떻게 말입니까?

소크라테스: 우리에게 있는 그 각각의 것은 작고 하찮으며, 또한 그것의 본성에 맞는 순수성이나 힘을 갖고 있지 않다네. 하나를 선택하여 모두가 동일하다고 생각해보게. 예를 들어, 불은 우리 내부에 존재할 뿐만 아니라 우주 내부에도 존재한다네.

프로타르코스: 물론입니다.

C 소크라테스: 우리에게 있는 것[불]은 작고, 약하고, 하찮은 반면에, 우주 내부에 있는 것[불]은 양적으로 미적으로, 그리고 불이 지닌 모든 능력의 측면에서 탁월하다네.

프로타르코스: 선생님의 말씀이 옳습니다.

소크라테스: 그렇다면 이건 어떤가? 우주의 불이 우리 내부의 불에 의해 양육되고 생성되고 지배되는가, 아니면 그와 반대로 나의 불 또는 자네의 불 또는 모든 동물의 불이 모두 우주의 불에 의존하는가?

프로타르코스: 그것은 답변할 가치도 없는 질문입니다.

D 소크라테스: 맞네. 그리고 나는 자네가 우리 동물 내부에 있고 또한 우주의 내부에 있는 흙에 대해, 그리고 내가 방금 전에 질문했던 다른 모든 것들에 대해서도 똑같은 이야기를 하리라고 생각하네.

프로타르코스: 정신이 나가지 않고는 누가 달리 대답하겠습니까?

소크라테스: 아무도 그러지 않을 것이네. 하지만 다음 것을 보게. 우리가 방금 말했던 것들이 하나로 모아지는 것을 우리는 몸이라고 부르지 않았던가?

프로타르코스: 물론입니다.

E 소크라테스: 우리가 우주[5]라고 부르는 것에도 동일하게 적용해보게. 그것도 동일한 것들로 구성되었기 때문에 몸이라고 할 수 있을 것이네.

프로타르코스: 옳으신 말씀입니다.

소크라테스: 우리의 몸이 전체적으로 그[우주의] 몸으로부터 [영양분을 제공받는가] 또는 [그와 반대로] 그것이 우리로부터 영양분을 제공받는가, 또한 방금 우리가 말했던 모든 것을 얻어 소유하는 [것은 우리의 몸인가 또는 우주의 몸인가]?

프로타르코스: 그 또한 물을 가치가 없는 질문입니다, 소크라테스 선생님.

30 소크라테스: 그렇다면 이것은 [물을] 가치가 있는가? 아니면 어떻게 말하겠는가?

프로타르코스: 어떤 것인지 말씀해주세요.

소크라테스: 우리는 우리의 몸이 영혼을 갖는다고 말하지 않겠는가?

프로타르코스: 우리가 그렇게 말하리라는 것은 분명합니다.

소크라테스: 내 친구 프로타르코스여, 우리와 동일하지만 모든 측면에서 우월한 것[원소]들을 가진 우주의 몸 내부에 영혼이 있지 않다면, 그것[우주의 몸]이 그것[영혼]을 어디에서 얻었겠는가?

프로타르코스: 다른 어디에서도 얻지 못했을 겁니다, 소크라테스 선생님.

B 소크라테스: 프로타르코스, 우리는 다음과 같이 생각하지는 않을 것이네. 즉, 그 네 가지 [원소들], 즉 한정된 것, 한정되지 않은 것, 혼합, 그리고 모든 것들 안에 네 번째 것으로 존재하는 원인이 존재하며, 이 마지막 것[원인]은 모든 지혜의 총합이라고도 불리는데, 그것은 우리에게 영혼을 제공하고, 휘청거리는[병든] 몸에는 신체 훈련과 의술을, 그리고 다른 경우들에는 질서와 치료를 제공하기 때문이라는 것이네. 그러나 이런 것[원소]들이 우주 전체에 폭넓게 존재하며, 또한 훌륭하고 순수하지만, 그것들 안에 가장 훌륭하고 가장 소중한 본성을 자신들 안에 구축하지는 못한다고 말일세.

C 프로타르코스: 전혀 합리적이지 않을 겁니다.

소크라테스: 만약 그렇지 않다면, 다른 생각을 따라 이렇게 말하는 것이 좋을 것이네. 즉, 우리가 자주 말했듯이, 우주 내부에는 한정되지 않은 많은 것, 한정된 충분한 것, 또한 해(year, 年)와 계절(season)과 달(month, 月)을 질서잡고 배열하는 하찮지 않은 원인이 있으며, 그것이 지혜와 지성이라고 불리는 것은 정당할 것이라고 말이야.

프로타르코스: 매우 정당합니다.

소크라테스: 지혜와 지성은 영혼이 없이 생성되지는 못할 것이네.

프로타르코스: 그렇습니다.

D 소크라테스: 그렇다면 자네는 원인의 힘으로 인해 생겨난 제왕의 영혼과 제왕의 이성이 제우스의 본성 안에 있는 반면에, 다른 신들 안에는 그들이 불리기 좋아하는 [이름]에 따라 [생겨난] 다른 훌륭한 것들이 있다고 말할 것이네.

프로타르코스: 맞습니다.

소크라테스: 프로타르코스, 내가 하릴없이 이런 이야기를 하고 있

다고 생각하지 말게. [그렇게 생각한다는 것은] 지성이 우주를 항상 지배한다고 주장했던 옛사람들의 견해를 보여주는 것이라네.

프로타르코스: 그렇습니다.

E 소크라테스: 내 질문에 대해, [그 이야기]는 지성이 네 가지 종류들 가운데 하나, 즉 모든 것의 원인에 속한다는 답변을 제시했다네. 지금 자네는 이미 내 답을 알고 있다네.

프로타르코스: 저는 [그 답을] 알고 있습니다. 그리고 매우 충분합니다. 더구나 선생님께서는 제가 알아차리지 못하는 사이에 [이미] 답변하셨습니다.

소크라테스: 프로타르코스, 농담이 때로는 심각함을 [벗어나는] 휴식이 되기도 한다네.

프로타르코스: 멋진 말씀입니다.

31 소크라테스: 이제 우리는 지성이 어떤 종류에 속하고 또한 그것이 어떤 힘을 갖는지에 대해 거의 보였네.

프로타르코스: 분명히 그렇습니다.

소크라테스: 그리고 마찬가지로 즐거움의 종류도 이미 명백해졌다네.

프로타르코스: 그렇습니다.

소크라테스: 그 두 가지에 대해, 지성이 원인과 흡사하고 대체로 그런 부류에 속하며, 또한 즐거움은 그 자체로서 한정되지 않은 것이고 그 자체로서나 그것만으로는 시작도 중간도 끝도 없었고 앞으로도 없는 그런 종류에 속한다는 점을 우리는 기억해야 한다네.

제 II 부

즐거움과 지식의 분류 (31B-59D)

II.1 즐거움과 괴로움의 생성 (31B-36B)

II.2 거짓된 즐거움 (36C-51A)

II.3 참된 즐거움 (51B-53C)

II.4 지식의 분류 (55C-59D)

제 Ⅱ 부

즐거움과 지식의 분류 (31B-59D)

Ⅱ.1 즐거움과 괴로움의 생성 (31B-36B)

B 프로타르코스: 우리는 기억할 겁니다. 어찌 그렇지 않겠습니까?

소크라테스: 다음으로 우리는 그것들이 생성될 때, 그것들 각자가 어디에서, 그리고 어떤 조건 하에서 생성되는가를 살펴볼 것이네. 먼저 즐거움에 대해 살펴보세. 우리가 먼저 그것의 종류를 검토했듯이, 그것을 먼저 [살펴보세]. 그러나 우리는 즐거움을 괴로움과 떨어뜨려 놓고서는 만족스럽게 검토할 수 없다네.

프로타르코스: 만약 그것이 우리가 따라야만 하는 것이라면, 그것을 따르도록 하세.

소크라테스: 자네는 그것[즐거움]의 생성에 대해 나와 의견을 같이 하는가?

C 프로타르코스: 어떤 [의견을] 말씀하시는 겁니까?

소크라테스: 내가 보기에는 즐거움과 괴로움이 혼합된 종류의 것들 속에서 본성적으로 함께 생성되는 것 같다네.

프로타르코스: 소크라테스 선생님, 선생님께서 말씀하시는 혼합된 종류의 것이 이전에 언급하셨던 것들 가운데 어떤 것을 가리키는지 우리의 기억을 되살려 주시겠습니까?

소크라테스: 내가 할 수 있는 한 그러겠네, 탁월한 친구여.

프로타르코스: 감사한 말씀입니다.

소크라테스: 혼합된 것이란 우리가 말했던 네 가지 가운데 세 번째 것을 의미하네.

프로타르코스: 한정되지 않은 것과 한정된 것 뒤에 선생님께서 말씀하셨고, 또한 건강과 (제 생각으로는) 조화로움도 포함시키셨던 바로 그것이지요?

D 소크라테스: 훌륭한 설명이네. 이제 정신을 바짝 차리게.

프로타르코스: 말씀하십시오.

소크라테스: 나는 우리 동물들에게서 조화로움이 깨질 때, 우리들의 본성을 잃게 되는 동시에 괴로움이 생성된다고 주장하는 것이네.

프로타르코스: 말씀하신 것이 매우 그럴 듯합니다.

소크라테스: 그러나 만약 다시 조화로워지고 그것의 본성으로 돌아가게 된다면, 즐거움이 생성된다고 말해야만 할 것이네. 만약 가장 중요한 문제에 대해 가장 빨리 몇 마디 말을 해야 한다면 말일세.

E 프로타르코스: 제 생각에는 선생님께서 옳게 말씀하고 계십니다, 소크라테스 선생님. 그러나 그것에 대해 좀 더 명료하게 말씀하셔야 합니다.

소크라테스: 가장 평범하고 명백한 것들을 이해하는 것이 가장 쉽지 않겠는가?

프로타르코스: 어떤 것들을 말씀하시는 건가요?

소크라테스: 굶주림은 상실과 괴로움의 경우지?

프로타르코스: 그렇습니다.

소크라테스: 그리고 먹는 것, 즉 다시 채움이 생성되는 것이 즐거

움이겠지?

프로타르코스: 그렇습니다.

32 소크라테스: 그러나 갈증은 파괴이자 괴로움이지만, 마른 것을 다시 수분으로 채우는 것은 즐거움이겠지? 또한 우리가 더위를 통해 경험하는 비본성적인 분리와 해체는 괴로움이지만, 본성적인 회복과 냉각은 즐거움이겠지?

프로타르코스: 분명히 그렇습니다.

소크라테스: 또한 동물 내부의 수분이 추위로 인해 본성과는 반대로 동결되는 것은 괴로움이네. 하지만 그것들의 본성적인 복귀와 분리의 과정은 즐거움이지. 간단히 말해서, 만약 이전에 설명했던
B 것처럼, 동물의 종류에 속하는 한정되지 않은 것과 한정된 것의 본성적인 혼합이 파괴될 때, 이 파괴는 괴로움이지만, 모든 것들이 본성적으로 복귀하고 다시 회복하는 과정은 즐거움이라는 주장을 자네는 합리적이라고 생각하는지 살펴보게.

프로타르코스: 그렇다고 해두죠. 제게는 그것이 대략적인 내용을 제시하는 듯이 보이니까요.

소크라테스: 우리는 이것을 일정한 조건들 하에서 각각 발생되는 즐거움과 괴로움의 일종으로 인정해도 될까?

프로타르코스: 그렇게 해도 됩니다.

C 소크라테스: 그렇다면 영혼 그 자체가 이 조건들에 대해 예상하는 것, 즉 즐거운 것들에 대한 예상은 즐겁고도 대담하지만, 괴로운 것에 대한 예상은 두렵고도 비통하다는 것도 인정하게.

프로타르코스: 그렇게 되면 그것은 [이전과는] 다른 종류의 즐거움과 괴로움, 즉 신체로부터 분리된 영혼의 예상을 통해 생겨나는 것들이겠습니다.

소크라테스: 자네가 올바르게 이해했네. 내 견해로는 이것들 내부에서 순수하고도 서로 혼합되지 않은 즐거움과 괴로움이 발생하고, 따라서 즐거움에 관한 한, 그것[즐거움]의 모든 종류가 환영받
D 는지 또는 그런 것[환영]이 우리가 이전에 말했던 다른 종류들 가운데 하나에 주어지는지 명백해질 것이네. 뜨거움과 차가움, 또는 그런 종류의 것들과 같은 즐거움과 괴로움은 때로는 환영받고 때로는 환영받지 못하는데, [그 이유는] 그것들이 때때로 좋은 성질을 갖지만 그것들 자체가 좋은 것들은 아니기 때문이라네.

프로타르코스: 우리가 지금부터 탐구하는 것을 이런 식으로 수행해야만 한다는 선생님의 말씀은 전적으로 옳습니다.

E 소크라테스: 그렇다면 먼저 다음 사항에 동의하게. 만약 우리가 말했듯이, 파괴가 괴로움이고 회복이 즐거움이라는 것이 옳다면, 파괴되지도 않고 회복되지도 않은 동물들의 경우에는 그것들이 어떤 상태에 있는 것인가? 깊이 생각해서 내게 말해주게. 그런 상태에 있는 동물은 괴롭지도 않고 즐겁지도 않거나 또는 크지도 않고 작지도 않은 상태에 있다는 것이 전적으로 필연적이지 않겠는가?

프로타르코스: 정말로 필연적입니다.

33 소크라테스: 그렇다면 우리에게는 즐거움의 성향과 괴로움의 성향 이외에, 제3의 성향이 있지 않겠는가?

프로타르코스: 분명합니다.

소크라테스: 자, 그렇다면 이것을 잘 기억하게. 왜냐하면 즐거움에 대한 판단에 있어 기억하느냐 못하느냐 하는 것은 우리에게 하찮은 일이 아니기 때문이지. 그리고 자네가 원한다면, 그것에 대해 간단하게나마 설명하겠네.

프로타르코스: 말씀하십시오.

소크라테스: 이러한 지혜의 삶을 방해할 것은 아무 것도 없다는 것을 자네는 알고 있지.

B 프로타르코스: 즐거움도 없고 괴로움도 없다는 말씀입니까?

소크라테스: 삶들의 비교에서, 지성의 삶과 지혜의 삶을 선택한 사람은 크거나 작은 그 어떤 즐거움도 필요로 하지 않는다고 말했었네.

프로타르코스: 바로 그렇게 말했었습니다.

소크라테스: 그 사람은 그런 식으로 살 것이네. 그리고 아마도 그것[지성의 삶 또는 지혜의 삶]이 모든 것들 가운데 가장 신적이라는 것이 이상하지 않을 것이네.

프로타르코스: 분명히 신들은 즐거워하지 않고, 또한 그 반대의 것도 하지 않을 것 같습니다.

C 소크라테스: 전혀 그렇지 않을 것 같네. 어쨌든 그것들 가운데 어떤 것도 있을 법 하지 않네. 그러나 그 논의는 적절하다면 나중에 다시 살펴보도록 하고, 우리가 일등상에서 그것을 지성에 결부시킬 수 없다면, 이등상에서는 그것을 결부시키도록 하세.

프로타르코스: 매우 옳으신 말씀입니다.

소크라테스: 이제 영혼에만 속한다고 우리가 말했던 다른 종류의 즐거움은 전적으로 기억에서 생성된다네.

프로타르코스: 어째서 그렇습니까?

소크라테스: 만약 이것을 우리에게 제대로 명확해지도록 하려면, 우리는 먼저 기억에 대해 의문을 제기하고, 더 나아가 기억에 앞서 감각에 대한 의문을 제기해야 할 것 같네.

D 프로타르코스: 어떻게요?

소크라테스: 우리 몸의 상태들 가운데 일부는 영혼에 아무런 영향을 주지 않고 신체 내부에서 소멸하며, 또한 다른 일부는 두 가지 모두[신체와 영혼]를 통과하면서 [그것들에] 공통적으로 또는 개별적으로 진동을 야기한다고 가정해보세.

프로타르코스: 그렇게 해보죠.

소크라테스: 그렇다면 영혼은 두 가지 모두를 통과하지 않은 것들을 의식하지 못하는 한편, 두 가지 모두를 통과한 것들을 의식한다고 말하는 것은 옳겠지?

E 프로타르코스: 어찌 안 그렇겠습니까?

소크라테스: 여기에서 내가 '의식하지 못함'을 말할 때, 망각이 발생한다는 것을 의미한다고 결코 생각하지 말게. 왜냐하면 의식하지 못함은 기억이 떠나는 것이고, 지금 논란되는 것은 [기억이] 생겨나지 않은 것에 관해서이기 때문이네. 존재하지도 않고 생성되지도 않은 것의 상실에 대해 말하는 것은 이상하다네. 그렇지 않은가?

프로타르코스: 물론입니다.

소크라테스: 용어들만 바꿔보세.

프로타르코스: 어떻게요?

34 소크라테스: 영혼이 신체의 진동에 의해 영향 받지 않을 때, 그것[영혼]이 의식하지 못한다고 말하는 대신에, 자네가 지금 망각이라고 부르는 것에 '감각의 결여'라는 용어를 적용해보세.

프로타르코스: 알겠습니다.

소크라테스: 영혼과 신체가 하나의 상태에 의해 공통적으로 영향받고 움직여질 때, 그 운동을 감각이라고 부른다면 정도에서 벗어나는 것이 아니네.

프로타르코스: 매우 옳으신 말씀입니다.

소크라테스: 그렇다면 우리가 감각이라고 부르는 것이 무엇을 의미하는지 아는가?

프로타르코스: 물론입니다.

소크라테스: 내 생각에, 기억을 감각의 보존이라고 말하는 것은 옳은 것이네.

B 프로타르코스: 옳습니다.

소크라테스: 그런데 우리는 기억이 상기[기억을 떠올림]와는 다르다고 말하지 않는가?

프로타르코스: 아마도 그럴 겁니다.

소크라테스: 그렇다면 이런 것이 아닐까?

프로타르코스: 어떤 것입니까?

소크라테스: 영혼이 신체와 함께 영향 받았던 것을 신체가 없이 홀로 자기 안에서 재생하는 것을 우리는 상기라고 말하네. 그렇지 않은가?

프로타르코스: 물론입니다.

C 소크라테스: 영혼이 감각이나 또는 그것이 배웠던 것에 대한 기억을 홀로 재생할 때, 우리는 그런 종류의 모든 것을 상기라고 부르네.

프로타르코스: 옳은 말씀입니다.

소크라테스: 내가 이 모든 것을 말했던 것은 이것 때문이네.

프로타르코스: 어떤 것입니까?

소크라테스: 우리가 신체와 동떨어진 영혼의 즐거움, 그리고 마찬가지로 욕구를 가능한 완전하고 명료하게 파악하는 것 말일세. 이

를 통해, 그 두 가지[즐거움과 욕구]가 명료해질 것으로 보이네.

프로타르코스: 소크라테스 선생님, 그럼 다음 것들에 대해 말씀하시지요.

D 소크라테스: 내가 보기에는 즐거움의 기원, 그리고 [그것의] 많은 측면들에 대한 많은 것들을 반드시 살펴봐야 할 것 같네. 이제 우리는 먼저 욕구가 무엇이고 어떤 경우에 발생하는가를 파악해야 할 것으로 보이네.

프로타르코스: 그것을 살펴보죠. 우리가 잃을 것은 아무 것도 없으니까요.

소크라테스: 프로타르코스, 우리는 이런 것을 잃게 될 것이네. 지금 우리가 탐구하는 것을 발견하게 되면, 우리는 그것들에 관한 당혹감을 잃게 될 것이네.

프로타르코스: 올바른 변론입니다. 그렇다면 다음 것에 대해 이야기해보죠.

E 소크라테스: 우리는 굶주림과 갈증, 그리고 다른 많은 것들이 욕구라고 방금 말하지 않았던가?

프로타르코스: 분명히 그랬습니다.

소크라테스: 우리가 그렇게 서로 다른 것들을 하나의 용어로 부르는 것은 무엇을 보려는 것인가?

프로타르코스: 소크라테스 선생님, 제우스에 맹세코, 그 질문에 답변하기 쉽지 않지만, 그럼에도 불구하고 [그것은] 답변되어야 합니다.

소크라테스: 그렇다면 [앞에서 다루었던 것과] 동일한 것으로 돌아가 그것부터 [살펴보세].

프로타르코스: 어디로 말씀입니까?

소크라테스: "그는 목마르다"고 말할 때, 매번 우리는 무언가를 의미하려는 것이겠지?

프로타르코스: 어찌 안 그렇겠습니까?

소크라테스: 그런데 그것은 "그가 비어 있다"는 것이지?

프로타르코스: 물론입니다.

소크라테스: 그렇다면 갈증은 욕구인가?

프로타르코스: 예, 음료에 대한 것이지요.

35 소크라테스: 음료에 대한 것인가 또는 음료로 채워짐에 대한 것인가?

프로타르코스: 음료로 채워짐에 대한 것이라고 생각합니다.

소크라테스: 비어있는 사람은 자신이 느끼는 것과 상반된 것을 요구하는 것처럼 보이는군. 왜냐하면 그는 비어있는 것이 채워지길 욕구하기 때문이지.

프로타르코스: 매우 명백합니다.

소크라테스: 그렇다면 이것은 어떤가? 처음으로 비어있는 사람이 감각에 의해서든 또는 기억에 의해서든, 지금도 느끼지 못하고 이전에도 느껴보지 못했던 채움을 이해할 수 있겠는가?

프로타르코스: 어떻게 그렇겠습니까?

B 소크라테스: 그러나 욕구하는 사람은 무언가를 욕구한다고 우리는 말하네.

프로타르코스: 물론입니다.

소크라테스: 그리고 그는 자신이 느끼는 것을 욕구하지 않을 것이네. 왜냐하면 그는 목마르고 그것[목마른 것]은 비어있는 것이지만, 그는 채움을 욕구하기 때문이네.

프로타르코스: 예.

소크라테스: 그렇다면 목마른 사람의 어떤 것이 채움을 이해할 수 있겠는가?

프로타르코스: 필연적으로 그렇습니다.

소크라테스: 그것은 신체일 리 없네. 왜냐하면 그것은 비었기 때문이지.

프로타르코스: 그렇습니다.

C 소크라테스: 남은 것은 영혼이 그것을 이해한다는 것인데, 그것은 기억을 통해 그렇게 하는 것이 분명하네. 그렇지 않으면 다른 것을 통해 [그것을] 이해하겠는가?

프로타르코스: 다른 어떤 것을 통해서도 못할 겁니다.

소크라테스: 우리는 이 논의의 결론들을 알고 있는가?

프로타르코스: 어떤 것들을요?

소크라테스: 이 논의는 우리에게 신체적 욕구가 발생하지 않는다고 말하고 있다네.

프로타르코스: 어째서 그렇습니까?

소크라테스: 왜냐하면 그것은 모든 동물이 항상 신체의 상태와 반대쪽으로 노력한다는 것을 보여주기 때문이네.

프로타르코스: 바로 그렇습니다.

소크라테스: 또한 그런 상태들과 반대쪽으로 이끌어지는 충동은 그 상태들과 반대되는 기억이 있다는 것을 보여준다네.

프로타르코스: 물론입니다.

D 소크라테스: 기억이 욕구의 대상들로 이끌어진다는 것을 지적함으

로써, 그 논의는 모든 충동과 욕구, 그리고 모든 동물의 원리가 영혼에 속한다는 것을 보여준다네.

프로타르코스: 전적으로 옳습니다.

소크라테스: 그 논의는 신체가 굶주리거나 목마르거나 또는 그런 상태를 느낀다는 것을 전혀 입증해주지 못한다네.

프로타르코스: 분명한 진실입니다.

소크라테스: 그것들과 관련된 것을 살펴보세. 왜냐하면 내가 보기에, 그 논의는 그것들 안에 있는 삶의 형태를 우리에게 보여주려고 하는 것 같기 때문이네.

E 프로타르코스: 어떤 것들 안에 있는, 어떤 종류의 삶을 말씀하시는 겁니까?

소크라테스: 채움과 비움의 상태들, 그리고 동물들의 보존과 파괴에 속하는 모든 것들 안에 있는 것[을 말하는 것이네]. 그리고 만약 우리가 이런 것들 가운데 한 가지를 느끼게 되면 괴로움을 느끼고 다른 것으로 바꾸게 되면 즐거움을 느낀다네.

프로타르코스: 그것이 맞습니다.

소크라테스: 만약 누군가 그것들의 중간 상태에 처하게 될 때는 어떻게 되는가?

프로타르코스: 중간 상태라는 게 무슨 말씀입니까?

36 소크라테스: 그는 자신의 상태로 인해 괴로움을 겪지만, 그는 자신의 괴로움을 끝나게 해주겠지만 아직 채워지지 않은 즐거움들을 기억한다네. 우리는 그가 중간 상태에 있다고 말해야 하는가 또는 그렇지 않은가?

프로타르코스: 우리는 [그가 중간 상태에 있다고] 말해야 합니다.

소크라테스: 그가 완전히 괴롭다고 말해야 할까 또는 즐겁다고 말해야 할까?

프로타르코스: 제우스에 맹세코, 그는 한편으로는 신체의 상태로 말미암아, 그리고 다른 한편으로는 영혼의 기대감과 바람으로 말미암아 이중적인 괴로움을 겪고 있습니다.

B 소크라테스: 프로타르코스, 이중적 괴로움을 어떻게 설명하겠는가? 비어있는 사람은 때로는 채워지리라는 분명한 희망을 갖고 있으며, 때로는 그와 반대로 희망이 없는 경우도 있잖은가?

프로타르코스: 분명히 그렇습니다.

소크라테스: 그는 채워지리란 희망을 가질 때는 기억을 통해 즐거움을 갖지만, 그와 동시에 비어있기 때문에 괴로움을 느낄 것이라고 자네는 생각하지 않는가?

프로타르코스: 그건 필연적입니다.

소크라테스: 그 때에야 사람이나 다른 동물들은 동시에 괴로움과 즐거움을 가질 것이네.

프로타르코스: 아마도 그럴 겁니다.

Ⅱ.2 거짓된 즐거움 (36C-51A)

C 소크라테스: 비어있는 사람이 채워지리라는 희망이 없을 때는 어떤가? 자네가 방금 보고 생각했던 이중적 괴로움이 발생하는 경우에, 그 괴로움이 단적으로 이중적이지 않은가?

프로타르코스: 매우 옳으신 말씀입니다, 소크라테스 선생님.

소크라테스: 그 상태들에 대한 검토 결과를 이용해보세.

프로타르코스: 무엇을 말씀하시는 겁니까?

소크라테스: 우리는 그 즐거움들과 괴로움들은 참이라고 말해야 하는가 또는 거짓이라고 말해야 하는가, 아니면 어떤 것들은 참이고 다른 것들은 거짓이라고 말해야 하는가?

프로타르코스: 그러나 소크라테스 선생님, 어떻게 거짓된 즐거움들과 괴로움들이 있을 수 있습니까?

소크라테스: 프로타르코스, 어떻게 참되고 거짓된 두려움, 참되고 거짓된 기대감, 또는 참되고 거짓된 의견들이 있을 수 있는가?

D 프로타르코스: 의견에 대해서는 동의하지만, 다른 것들에 대해서는 [동의하지] 않습니다.

소크라테스: 무슨 말을 하는 건가? 우리가 결코 작지 않은 논의를 일깨우고 있는 것 같아 걱정되는군.

프로타르코스: 참된 말씀이십니다.

소크라테스: 그러나 그 사내의 아들이여, 우리는 그것이 이전에 가볍게 지나갔던 것과 관련되는지 아닌지에 대해 살펴봐야 할 것이네.

프로타르코스: 그 경우에는 아마도 그럴 겁니다.

소크라테스: 우리는 장황하거나 또는 관련 없는 이야기를 다루지 말아야 한다네.

프로타르코스: 옳습니다.

E 소크라테스: 내게 말해보게. 우리가 방금 제기했던 문제들에 대해 나는 항상 놀라워했기 때문이네. 자네의 의견은 무엇인가? 그리고 거짓된 즐거움들도 있고 참된[옳은] 즐거움들도 있지 않겠는가?

프로타르코스: 무슨 말씀이십니까?

소크라테스: 어떤 즐거움들은 거짓이고, 다른 것들은 참인가?

프로타르코스: 어찌 그렇습니까?

소크라테스: 자네가 말하듯이, 꿈을 꾸거나 깨어 있거나 또는 미쳤거나 또는 정신착란일지라도, 즐겁지 않으면서 즐겁다고 생각하거나 또는 괴롭지 않으면서 괴롭다고 생각하는 사람은 아무도 없다네.

프로타르코스: 소크라테스 선생님, 저희는 모두 그렇게 생각해왔습니다.

소크라테스: 하지만 그것이 옳은가? 그렇게 말하는 것이 옳은지 또는 그렇지 않은지를 살펴봐야겠지?

37 프로타르코스: 저는 우리가 그것을 살펴봐야 한다고 말해야겠습니다.

소크라테스: 즐거움과 의견에 대해 우리가 방금 말했던 것을 좀 더 명료하게 규정해보세. 우리에게는 의견이라는 것이 있잖은가?

프로타르코스: 예.

소크라테스: 즐거움도?

프로타르코스: 예.

소크라테스: 또한 의견을 갖게 하는 무언가가 있지?

프로타르코스: 어찌 안 그렇겠습니까?

소크라테스: 즐거운 것[사람]을 즐겁게 하는 것도 있겠지?

프로타르코스: 분명히 그렇습니다.

소크라테스: 의견을 갖는 것[사람]은 그것이 옳은 의견이든 옳지 않은 의견이든, 의견을 갖지 못하는 일이 없네.

B 프로타르코스: 물론입니다.

소크라테스: 즐거움을 느끼는 사람은 그것이 옳은 즐거움이든 옳

지 않은 즐거움이든, 즐거움을 느끼지 못하는 일이 없네.

프로타르코스: 예. 그 또한 그렇습니다.

소크라테스: 그렇다면 의견을 갖는 것과 즐거움을 느끼는 것이 똑같은 입장임에도 불구하고, 어째서 의견은 거짓이거나 참인 반면에, 즐거움은 오직 참인가를 고찰해야만 하네.

프로타르코스: 우리는 그것을 고찰해야만 합니다.

C 소크라테스: 자네가 그것을 고찰해야만 한다고 말하는 것은 거짓과 참이 의견에 부가되며, 그럼으로써 그것은 단순한 의견이 아니라 어떤 성질을 가진 의견이 되기 때문이겠지?

프로타르코스: 예.

소크라테스: 더구나 어떤 것들은 성질들을 갖는 반면에, 즐거움과 괴로움은 단지 그것들일 뿐 아무런 성질들을 갖지 않는 것인지에 대해서 우리는 합의해야 하네.

프로타르코스: 분명히 그렇습니다.

D 소크라테스: 그러나 그것들이 성질들을 갖고 있음을 어렵지 않게 보게 되네. 왜냐하면 우리가 오래 전에 말했듯이, 괴로움은 물론이고 즐거움도 크거나 작을 수 있으며, 또한 강렬해질 수도 있기 때문이지.

프로타르코스: 전적으로 그렇습니다.

소크라테스: 그런데 프로타르코스, 만약에 나쁜 상태가 그것들 가운데 어떤 것에 들러붙게 된다면, 우리는 의견이 나빠지며 또한 즐거움도 나빠진다고 말할 것인가?

프로타르코스: 물론입니다, 소크라테스 선생님.

소크라테스: 그렇다면 옳음이나 또는 옳음과 상반된 것이 그것들

가운데 어떤 것에 들러붙는 경우에는 어떤가? 의견이 옳음을 갖는 경우에는 그것을 올바르다고 말하고, 즐거움의 경우도 그와 같은 식으로 말해야 하지 않겠는가?

프로타르코스: 필연적입니다.

E 소크라테스: 만약 의견을 갖게 하는 것에 대해 실수를 범했다면, 그 순간에 실수를 범하고 있기 때문에 우리는 의견이 옳지 않다거나 또는 올바른 의견을 갖지 못한다는데 동의해야겠지?

프로타르코스: 물론입니다.

소크라테스: 괴로움이나 즐거움이 그 괴로움과 즐거움을 야기하는 것에 대해 실수를 범하는 것을 우리가 본다면 어떤가? 우리는 그것을 옳음이나 좋음 또는 우수한 것[용어]들 가운데 어떤 것으로 불러야 하는가?

프로타르코스: 즐거움이 잘못된 것이라면, 그것은 가능하지 않습니다.

소크라테스: 분명히 우리에게 즐거움은 종종 참된 것이 아니라 거짓된 의견과 관련하여 발생하는 것처럼 보이네.

38 프로타르코스: 물론입니다. 그리고 소크라테스 선생님, 그 경우에 저희는 의견이 거짓이라고 말하겠지만, 누구도 실제적인 즐거움이 거짓이라고 말하지는 못할 것입니다.

소크라테스: 프로타르코스, 자네는 즐거움에 대한 열정적인 옹호자일세.

프로타르코스: 아닙니다. 저는 제가 들은 것을 말할 뿐입니다.

소크라테스: 내 친구여, 옳은 의견과 지식에 관련된 즐거움과, 거짓과 무지와 더불어 우리에게 종종 발생하는 즐거움 사이에 차이가 없는가?

B 프로타르코스: 하찮지 않은 차이가 있을 것 같습니다.

소크라테스: 그것들의 차이점에 대해 성찰해보세.

프로타르코스: 선생님께 가장 좋아 보이는 쪽으로 이끌어주십시오.

소크라테스: 그렇다면 나는 이렇게 이끌겠네.

프로타르코스: 어떻게요?

소크라테스: 우리는 거짓된 의견도 있고 참된 의견도 있다고 말하지 않았던가?

프로타르코스: 그렇습니다.

소크라테스: 우리가 방금 말했듯이, 즐거움과 괴로움은 종종 그것들을 따르네. 나는 참되고 거짓된 의견들을 말하는 걸세.

프로타르코스: 그렇습니다.

C 소크라테스: 의견과 확고한 의견 형성은 매 순간 기억과 지식으로부터 우리에게 생성되는 것이 아닌가?

프로타르코스: 바로 그렇습니다.

소크라테스: 이것들과 관련하여, 우리가 필연적으로 이렇게 되리라고 믿는가?

프로타르코스: 어떻게요?

소크라테스: 멀리 떨어져 있어서 명료하게 보지 못하는 사람은 종종 자신이 보는 것들을 구분하길 원하리라고 자네는 말하겠지?

프로타르코스: 저는 그렇게 말하겠습니다.

소크라테스: 그리고 그는 스스로에게 이렇게 질문하지 않겠는가?

프로타르코스: 어떻게요?

D 소크라테스: "나무 밑 바위 옆에 서있는 것으로 보이는 저것은 무엇일까?" 어떤 사람이 자신의 시야에 그런 것[나무, 바위 등]들이

나타날 때, 그가 자기 자신에게 그런 질문을 할 수도 있으리라고 자네는 생각하지 않나?

프로타르코스: 물론입니다.

소크라테스: 그런 뒤에 그는 자신의 질문에 대해 "그것은 사람이군!"이라고 옳게 답변할 수도 있지 않겠나?

프로타르코스: 분명히 그렇습니다.

소크라테스: 그러나 한편으로 그는 아마도 자기가 본 것이 양치기들의 작품인 [신에게 바치는] 조각상이라고 말할 수도 있을 것이네.

프로타르코스: 정말로 그렇습니다.

E 소크라테스: 그러나 누군가 곁에 있을 때, 그는 자기 자신에게 말했던 것을 크게 소리를 내서 곁에 있는 사람에게 말해주고, 이렇게 해서 우리가 의견이라고 불렀던 것은 이제 하나의 주장이 되겠지?

프로타르코스: 물론입니다.

소크라테스: 그러나 그가 혼자인 경우에는 이 생각을 혼자 갖게 되고, 때로는 오랫동안 그것을 자기 마음속에 넣어두고 살아가겠지.

프로타르코스: 분명히 그럴 겁니다.

소크라테스: 자 그렇다면, 그것들에 대해 자네에게 나타난 것이 내 경우와 같은가?

프로타르코스: 무엇을 말씀하시는 겁니까?

소크라테스: 그런 경우에 우리의 영혼은 책과 비슷하다는 것이 내 생각이네.

프로타르코스: 어떻게 그렇습니까?

39 소크라테스: 기억은 감각들과 일치하며, 그것[감각]들과 관련된 상태들이란 우리의 영혼들 속에 글을 쓰는 것처럼 내게는 보인다네. 그리고 그 상태들이 참된 것을 쓸 때, 우리 안에는 참된 의견들과 참된 주장들이 생겨난다네. 하지만 작가가 우리에게 거짓된 것들을 쓸 때, 그것들은 옳은 것과 상반된 결과가 나온다네.

B 프로타르코스: 그것이 제가 생각하는 전부이며, 저는 그런 식의 이야기를 인정합니다.

소크라테스: 그렇다면 그런 경우에 우리의 영혼들에는 또 다른 제작자가 있다는 것도 인정하게.

프로타르코스: 누구를 말씀하시는 겁니까?

소크라테스: 작가가 쓴 글들을 설명하는 그림들을 우리의 영혼들 안에 그리는 화가 말일세.

프로타르코스: 그가 어떻게, 그리고 언제 그것을 한다고 우리는 말해야 합니까?

C 소크라테스: 누군가 시각이나 다른 감각으로부터 그 때의 의견들과 주장들을 받아들이는 경우, 그는 자기 안에서 그 의견들과 주장들의 '상(image)'들을 어떻게든 보게 된다네. 이것이 우리에게 발생하는 일이 아니겠나?

프로타르코스: 분명히 그렇습니다.

소크라테스: 참된 의견과 주장들에 대한 그림들이 참이라면, 거짓된 것들에 대한 [그림]들은 거짓이겠지?

프로타르코스: 틀림없습니다.

소크라테스: 만약 우리가 말했던 것이 옳다면, 다른 것도 더 살펴보세.

프로타르코스: 어떤 것입니까?

소크라테스: 현재나 과거와 관련해서는 우리가 이렇게 영향을 받는 것이 필연적이지만, 미래와 관련해서는 그렇지 않은 것인가?

프로타르코스: 모든 시간에 대해서 동일합니다.

D 소크라테스: 영혼으로 인한 즐거움들과 괴로움들이 신체의 즐거움들과 괴로움들보다 앞서며, 따라서 우리가 미래에 대해 예견되는 즐거움들과 괴로움들을 갖는다고 이전에 말했었지 않나?

프로타르코스: 매우 참된 말씀입니다.

E 소크라테스: 우리 내부에서 생성된다고 방금 전에 우리가 말했던 글들과 그림들은 과거와 현재에 관련된 것들이고 또한 미래에 관련된 것들이 아니겠는가?

프로타르코스: 매우 그렇습니다.

소크라테스: 자네가 '매우'라고 말하는 것은 그것들이 모두 미래에 대한 희망들이고, 또한 우리가 일생에 걸쳐 항상 희망으로 충만하기 때문이겠지?

프로타르코스: 전적으로 그렇습니다.

소크라테스: 그렇다면 지금 말했던 것들 외에 자네가 답변해야 할 또 다른 것이 있네.

프로타르코스: 어떤 것입니까?

소크라테스: 정당하고 숭고하고 모든 점에서 좋은 사람은 신들이 좋아하지 않겠나?

프로타르코스: 물론입니다.

40 소크라테스: 그렇다면 이건 어떤가? 부당하고 모든 점에서 나쁜 사람은 그와 반대가 아니겠는가?

프로타르코스: 어찌 안 그렇겠습니까?

소크라테스: 방금 말했듯이, 모든 사람들이 많은 희망들로 충만하지 않은가?

프로타르코스: 왜 안 그렇겠습니까?

소크라테스: 그렇다면 우리 모두의 내부에는 우리가 희망이라고 부르는 주장들이 있겠지?

프로타르코스: 예.

소크라테스: 그러나 그려진 '상'들도 있다네. 그리고 어떤 사람은 종종 많은 황금을 갖게 되고, 그럼으로써 많은 즐거움들이 발생하는 것을 보네. 또한 그는 스스로 무척이나 즐기는 자신의 모습을 보기도 한다네.

B 프로타르코스: 왜 안 그렇겠습니까?

소크라테스: 좋은 사람들은 신들이 좋아하기 때문에 그들에게는 대부분의 경우에 참된 그림들이 제공되는 반면에, 나쁜 사람들에게는 대부분의 경우에 거짓된 것[그림]들이 제공된다고 말할 것인가 또는 그렇지 않다고 말할 것인가?

프로타르코스: 분명히 우리는 그렇게 말해야 합니다.

소크라테스: 그렇다면 나쁜 사람들에게도 열등하지 않은 즐거움들이 [그들의 마음속에] 그려져 있지만, 그것들은 거짓된 것[즐거움]들이겠지.

프로타르코스: 물론입니다.

C 소크라테스: 나쁜 사람들은 대부분의 경우 거짓된 즐거움들을 즐기는 반면에, 좋은 사람들은 참된 것들을 즐기는 것이지.

프로타르코스: 너무도 필연적인 것을 말씀하시는군요.

소크라테스: 방금 했던 논의에 따르면, 사람들의 영혼들 속에는 참

된 즐거움들을 우스꽝스럽게 모방한 거짓된 즐거움들이 있다는 것이지. 그리고 괴로움들의 경우도 마찬가지겠지.

프로타르코스: 그렇습니다.

소크라테스: 그것이 현재나 과거나 미래에 존재하는 것들에 대한 것이 아닐지라도, 의견을 갖는 사람은 항상 실제로 의견을 갖는다고 우리는 말했었네.

프로타르코스: 물론입니다.

D 소크라테스: 그리고 내 생각에 이것들은 거짓된 의견을 만들어내며, 또한 거짓되게 의견을 갖게끔 하는 것들이네. 그렇지 않은가?

프로타르코스: 예.

소크라테스: 그렇다면 이것은 어떤가? 이것들[현재, 과거, 미래]의 상태를 괴로움들과 즐거움들에 대응시켜야 하지 않겠나?

프로타르코스: 어떻게요?

소크라테스: 어떤 방식으로든 즐거움을 느끼는 사람은 실제로 항상 즐거움을 느끼지만, 때때로 그것은 현재에 대한 것도 아니고 과거에 대한 것도 아니며, 또한 종종 그리고 아마도 아주 빈번하게 미래에 생성될 것에 대한 것도 아니라네.

E 프로타르코스: 그것은 필연적으로 그렇습니다, 소크라테스 선생님.

소크라테스: 두려움과 분노, 그리고 그런 종류의 모든 것들에 대해서도 동일하게 설명할 수 있지 않겠나? 그것들이 모두 때로는 거짓이라고 말이야.

프로타르코스: 물론입니다.

소크라테스: 그렇다면 의견들이 거짓이 되는 경우와 달리 그것들이 나쁘거나 좋아지는 경우를 말할 수 있겠는가?

프로타르코스: 달리 [말]할 수 없습니다.

41 소크라테스: 즐거움들도 거짓이 되는 경우와 달리 나빠지지 않는다는 것으로 우리가 이해한다고 나는 생각하네.

프로타르코스: 소크라테스 선생님, 선생님께서는 그와는 정반대로 말씀하셨습니다. 왜냐하면 사람들이 괴로움들과 즐거움들을 나쁘다고 말하는 것은 그것들이 거짓이기 때문이 아니라 그것들이 또 다른 크고 다양한 나쁨에 관련되기 때문입니다.

소크라테스: 우리가 아직도 그러고 싶다면, 나쁨으로 인해 나쁘게 되는 나쁜 즐거움들에 대해서는 잠시 뒤에 이야기하세. 그러나 거짓된 즐거움들에 대해서, 우리는 그것들이 우리 내부에 많이 그리
B 고 종종 존재하고 또한 생성된다는 것을 다른 방식으로 말해야만 하네. 왜냐하면 그것은 아마도 우리가 결정을 내리는데 도움이 될 것이기 때문이지.

프로타르코스: 어찌 안 그렇겠습니까? 그런 것들이 정말로 존재한다면 말입니다.

소크라테스: 내 생각에 그것들은 존재한다네, 프로타르코스. 그러나 우리가 그 신념을 정립하기 전까지는 그것에 대해 질문하지 않을 수 없네.

프로타르코스: 좋습니다.

소크라테스: 이 새로운 문제에 운동선수들이 하는 것처럼 접근해 보세.

프로타르코스: 그렇게 하시죠.

C 소크라테스: 우리가 기억하듯이, 조금 전에 우리는 이른바 욕구들이 우리 안에 존재할 때, 신체는 영혼과 분리되어 있으며 그것들이 겪는 것도 분리되어 이해된다고 말했었네.

프로타르코스: 저희가 기억하기로는 그렇게 말했었습니다.

소크라테스: 신체의 상태들과 상반된 것들을 욕구하는 것은 영혼이고, 겪는 것들로 인해 즐거움이나 괴로움을 야기하는 것은 신체가 아니었던가?

프로타르코스: 그랬었습니다.

소크라테스: 여기에서 발생하는 [문제]에 대해 결론을 내리세.

프로타르코스: 말씀해주십시오.

D 소크라테스: 발생하는 [문제]는 이것이네. 이런 상황 하에서 괴로움들과 즐거움들은 동시에 존재하며, 방금 전에 말했듯이, 그것들과 상반된 감각들은 서로 동시에 생성된다는 것이네.

프로타르코스: 분명히 그렇게 보입니다.

소크라테스: 우리는 그것에 대해 이야기했고 동의했으며, 또한 이전에 해결하지 않았던가?

프로타르코스: 무엇을 말씀하시는 겁니까?

소크라테스: 괴로움과 즐거움은 둘 다 더 많고 더 적은 것을 허용하며, 또한 한정되지 않은 것의 종류에 속한다는 것 말이네.

프로타르코스: 그렇게 말씀하셨습니다. 그래서 어떻다는 것이지요?

소크라테스: 이것을 올바르게 판단하는 어떤 방법이 있는가?

E 프로타르코스: 어떤 방식으로, 그리고 어떻게 말씀입니까?

소크라테스: 그런 상황 하에서 이것들에 대해 우리가 판단하는 목적은 괴로움과 즐거움, 괴로움과 괴로움, 그리고 즐거움과 즐거움 가운데 각각 어떤 것이 더 크고 어떤 것이 더 작은가, 또는 어떤 것이 더 많은가, 또는 어떤 것이 더 강렬한가를 구분하기 위한 것이네.

프로타르코스: 분명히 이것들이 그런 종류의 것들이며, 또한 그것이 우리가 판단하는 목적입니다.

42 소크라테스: 그렇다면 이것은 어떤가? 시각의 경우에, 아주 가까운 곳에서 또는 아주 먼 곳에서 사물들을 보는 것은 그것들의 진리성을 왜곡하고, 거짓된 의견들을 갖게 만들며, 또한 괴로움들과 즐거움들의 경우에도 똑같은 일이 발생하지 않는가?

프로타르코스: [시각의 경우에는] 훨씬 더 많이 그렇습니다, 소크라테스 선생님.

소크라테스: 우리의 현재 결과는 방금 전에 얻어진 것과는 반대가 되겠군.

프로타르코스: 무엇을 말씀하시는 겁니까?

소크라테스: 거짓되거나 참된 의견들은 그것들의 상태에 따라 괴로움들과 즐거움들을 가득 채운다네.

B 프로타르코스: 매우 옳으신 말씀입니다.

소크라테스: 그러나 지금 그것들이 먼 곳에서나 가까운 곳에서 매 순간 변화하는 것처럼 보이고, 또한 동시에 나란히 놓여 있기 때문에, 즐거움들은 괴로움들에 비해 더 크고 더 강렬하며, 또한 괴로움들은 즐거움들과 비교해보면 상반되게 나타난다네.

프로타르코스: 그런 것들이 그런 상황들로 인해 발생하는 것은 필연적입니다.

C 소크라테스: 그것들은 실제로 있는 것보다 더 크거나 더 작아 보이는데, 그렇게 보이지만 실제로는 그렇지 않은 것을 각각의 것으로부터 떼어내면, 자네는 보이는 것이 옳다고 말할 수도 없을 것이고 또한 즐거움이나 괴로움의 일부분을 옳거나 참되다고 감히 말하지도 않을 걸세.

프로타르코스: 그러지 않을 겁니다.

소크라테스: 그러므로 다음에 만약 우리가 이런 식으로 접근한다면, 우리는 동물들 내부에 나타나고 존재하는 것들보다 더 거짓된 즐거움들과 괴로움들을 보게 될 것이네.

프로타르코스: 무엇이 어떻다는 말씀입니까?

D 소크라테스: 그 각각의 혼합과 분리, 채움과 비어있음, 성장과 쇠퇴를 통해 [동물들의] 본성 전체가 완전히 파괴되어, 괴로움과 고통스러움과 통증과 그런 이름들로 불리는 모든 것들을 야기했다고 종종 말해졌다네.

프로타르코스: 예. 종종 [그렇게] 말해졌습니다.

소크라테스: 사물들이 회복되어 그것들의 본성을 회복할 때, 그 회복이 즐거움이라는 점을 우리가 인정했었네.

프로타르코스: 옳습니다.

소크라테스: 이것들 가운데 어떤 것도 우리 몸에 발생하지 않는다면 어떻겠나?

프로타르코스: 언제 그런 일이 있을 수 있나요, 소크라테스 선생님?

E 소크라테스: 자네가 지금 하는 질문은 지성적이지 않네, 프로타르코스.

프로타르코스: 왜 그렇습니까?

소크라테스: 자네는 내가 다시 질문하는 것을 막지 못하기 때문이지.

프로타르코스: 어떤 질문을 말씀하시는 겁니까?

소크라테스: 내가 말하려는 것은, 만약 그런 일이 발생하지 않는다면, 우리에게 필연적인 결과는 무엇이겠냐는 것이네.

프로타르코스: 선생님께서는 신체가 어떤 쪽으로도 움직이지 않는 경우를 말씀하시는 겁니까?

소크라테스: 그렇다네.

프로타르코스: 소크라테스 선생님, 그 경우에는 즐거움이나 괴로움이 결코 발생하지 않으리라는 것이 분명합니다.

43 소크라테스: 매우 훌륭하게 말했네. 그러나 내 생각에 자네는 현자들이 말하듯이, 그런 것이 우리에게 필연적으로 발생해야 한다고 말하고 있네. 모든 것들이 항상 위쪽으로나 아래쪽으로 흐르고 있다는 것이지.[6]

프로타르코스: 그들이 그렇게 말했고, 그들이 말한 바가 하찮은 것이 아닌 듯합니다.

소크라테스: 그들이 하찮은 사람들이 아닌데 어찌 그렇겠나[그들이 하찮은 것을 말하겠나]? 그러나 나는 우리에게 공격적으로 다가오는 이 논의를 피하고 싶다네. 그래서 나는 도망칠 테니, 자네도 나와 함께 도망치세.

프로타르코스: 어떻게 하실 것인지 말씀해주십시오.

B 소크라테스: "이것들은 그렇다고 해둡시다"라고 그들에게 말하세. 그런데 영혼을 소유한 것들은 자신들이 겪는 모든 것들을 겪을 때마다 항상 파악하고 있는지, 즉 우리의 성장이나 그런 모든 종류의 것을 의식하고 있는지, 또는 그 정반대인지에 대해 자네가 대답해보게.

프로타르코스: 정반대입니다. 우리는 그런 종류의 것에 대해 거의 완전히 의식하지 못하기 때문입니다.

소크라테스: 그렇다면 위쪽으로나 아래쪽으로의 변화들이 괴로움들과 즐거움들을 야기한다고 우리가 방금 말했던 것은 잘한 것이 아니겠군.

프로타르코스: 물론입니다.

C 소크라테스: 이 말이 더 낫기도 하고, 또한 덜 공격받겠군.

프로타르코스: 어째서 그렇습니까?

소크라테스: 큰 변화들은 괴로움들과 즐거움들을 우리 안에 만드는 반면에, 적당하고 작은 것들은 그 두 가지 가운데 어떤 것도 결코 만들지 않는다네.

프로타르코스: 이번 것이 지난 번 것보다 더 옳습니다, 소크라테스 선생님.

소크라테스: 그러나 만약 이것이 그렇다면, 우리가 방금 말했던 삶이 다시 돌아오겠군.

프로타르코스: 어떤 삶을 말씀하시는 겁니까?

소크라테스: 고통도 없고 기쁨도 없다고 우리가 말했던 삶이네.

프로타르코스: 매우 옳으신 말씀입니다.

D 소크라테스: 따라서 우리에게는 세 가지 삶, 즉 즐거운 삶, 괴로운 삶, 그리고 둘 가운데 그 어떤 것에도 [속하지 않는] 삶이 있다네. 이에 대해 자네는 무어라 말하겠는가?

프로타르코스: 저로서는 세 가지의 삶이 있다는 것 외에는 달리 드릴 말씀이 없습니다.

소크라테스: 괴로움이 없다는 것이 즐거움과 동일한 것은 결코 아니겠지?

프로타르코스: 어찌 동일하겠습니까?

소크라테스: 모든 것들 가운데 가장 즐거운 것이 괴로움 없이 일생을 끝마치는 것이라고 누군가 말하는 것을 자네가 듣게 될 때, 그때 그가 무슨 말을 하려고 하는지 아는가?

프로타르코스: 제가 보기에는 괴로움이 없는 것이 즐거움이라고 그가 말하려는 것 같습니다.

E 소크라테스: 우리에게 세 가지 것들이 있는데, 자네가 무엇을 원하든, 이것들이 아름다운 이름들이기 때문에, 하나는 금이고, 다른 하나는 은이고, 세 번째는 둘 가운데 그 어떤 것도 아니라고 가정해보세.

프로타르코스: 그렇게 하죠.

소크라테스: [금이나 은] 둘 가운데 그 어떤 것도 아닌 것이 우리에게 둘 중의 하나, 즉 금이나 은이 될 수 있는가?

프로타르코스: 어떻게 그럴 수 있겠습니까?

소크라테스: 따라서 올바른 설명에 따르자면, 우리가 말했던 그 중간의 삶을 즐겁다거나 괴롭다고 하는 것은 의견을 갖는 경우에는 옳은 의견이 아니며, 대화를 하는 경우에는 옳은 대화가 아닐 것이네.

프로타르코스: 어찌 그렇겠습니까?

44 소크라테스: 그러나 친구여, 우리는 그런 의견을 갖고 그런 생각을 하는 사람들을 보게 된다네.

프로타르코스: 정말 그렇습니다.

소크라테스: 그들은 괴로움이 없는 경우를 즐거움이라고 생각할까?

프로타르코스: 그들은 그렇게 말합니다.

소크라테스: 그 때 그들은 자신들이 즐겁다고 생각하겠지. 그렇지 않다면 그들이 그렇게 말하지 않았을 테니까 말일세.

프로타르코스: 그럴 겁니다.

소크라테스: 괴로움이 없음과 즐거움이 서로 다른 본성을 갖는다

면, 그들은 즐거움에 대해 거짓된 의견을 갖고 있는 것이네.

<u>프로타르코스</u>: 그것들은 서로 다릅니다.

B 　<u>소크라테스</u>: 그렇다면 우리는 방금 말했던 것처럼 세 가지를 취할 것인가, 또는 '인간에게 나쁘다는 괴로움'과 '그 자체로서 좋고 또한 즐거움이라고 불리는 괴로움을 벗어남'이라는 두 가지만을 취할 것인가?

<u>프로타르코스</u>: 어째서 지금 우리 자신에게 그 질문을 제기하는 겁니까, 소크라테스 선생님? 전 이해하지 못하겠습니다.

<u>소크라테스</u>: 그것은 자네가 여기 있는 필레보스의 적들이 누구인지를 이해하지 못하기 때문이라네.

<u>프로타르코스</u>: 누구를 말씀하시는 겁니까?

<u>소크라테스</u>: 자연에 관해 무척이나 탁월하다고 말해지며, 즐거움들이 전체적으로 존재하지 않는다고 [주장하는] 사람들 말일세.

<u>프로타르코스</u>: 무슨 말씀이지요?

C 　<u>소크라테스</u>: 그들은 필레보스의 추종자들이 지금 즐거움이라고 부르는 모든 것이 괴로움으로부터의 탈출이라고 말한다네.

<u>프로타르코스</u>: 소크라테스 선생님, 선생님께서는 저희가 그들을 믿어야 한다고 조언하시는 건가요, 그렇지 않다면 어떻게 해야 합니까?

D 　<u>소크라테스</u>: [믿어야 한다는] 것이 아니라, 그들을 학문이 아니라 본성적이고 비천하지 않은 엄격함을 통해 예언하는 예언자들로서 이용하라는 것이네. 그들은 즐거움의 힘을 혐오하면서 전혀 건전하지 않은 것으로 간주하고, 또한 그것의 매력을 즐거움이 아니라 마력으로 간주한다네. 자네는 그밖에도 그들의 다른 가혹한 판단들을 살핌으로써 그들을 이런 방식으로 이용할 수 있을 것이네. 그 다음으로, 우리가 두 가지 관점을 비교함으로써 그것[즐거움]

의 힘에 대한 판단을 내리도록 하기 위해, 자네는 참된 것처럼 보이는 즐거움들을 내게서 배워야 한다네.

프로타르코스: 옳은 말씀입니다.

E **소크라테스**: 그렇다면 그들을 협력자들로 생각하고, 그들이 혐오하는 발걸음을 바짝 뒤따르세. 내 생각에 그들은 근원적인 어딘가에서 시작하여 이런 어떤 것을 묻고 있네. 만약 우리가 단단함과 같은 어떤 종류의 본성을 알고자 한다면, 우리는 가장 단단한 것들을 봄으로써 이해해야 하는가 또는 최소한도의 단단함을 가진 것을 봄으로써 이해해야 하는가? 프로타르코스, 자네는 내게 그랬던 것처럼 이 까다로운 사람들에게도 답변해야만 한다네.

프로타르코스: 분명합니다. 그리고 저는 우리가 가장 커다란 것들을 봐야 한다고 그들에게 말하겠습니다.

45 **소크라테스**: 만약 즐거움의 종류가 어떤 본성을 갖는가를 우리가 보고자 한다면, 우리는 가장 저급한 즐거움들이 아니라 가장 강력하고도 강렬하다고 말해지는 것들을 살펴야 한다네.

프로타르코스: 지금 [말씀하신] 것에 대해 모두가 선생님께 동의할 겁니다.

소크라테스: 우리가 종종 말하듯이, 즐거움들 가운데 가장 흔하고도 가장 큰 것들은 신체와 관련된 것들이겠지?

프로타르코스: 어찌 안 그렇겠습니까?

B **소크라테스**: 그렇다면 그것들이 더 크거나 더 커지는 것은 질병으로 시달리는 경우에 그런가 또는 건강한 경우에 그런가? 성급하게 답변하다 어디선가 넘어지지 않도록 조심하세. 아마도 우리는 건강한 경우에 그렇다고 말해야 할 걸세.

프로타르코스: 그럴 것 같습니다.

소크라테스: 그렇다면 이건 어떤가? 그 즐거움들 가운데 가장 큰 욕구들에 의해 추월당하는 것들이 가장 압도적이지 않은가?

프로타르코스: 그건 진실입니다.

소크라테스: 열병이나 그런 종류의 질병으로 시달리는 사람들은 갈증과 추위, 그리고 그들이 신체를 통해 흔히 겪는 모든 것들을 한층 더 느끼고, 또한 그들은 더 큰 결핍을 느끼고 그것이[결핍된 상태가] 충족될 때는 훨씬 더 큰 즐거움을 느끼지 않겠나? 그렇지 않다면 우리는 이것을 진실이 아니라고 말하겠는가?

C 프로타르코스: 지금 그렇게 말씀하시니, 그렇게 보입니다.

D 소크라테스: 그렇다면 무엇인가? 만약 가장 좋은 즐거움들을 알고자 한다면, 우리는 건강이 아니라 질병을 살펴봐야만 한다고 말하는 것은 옳은 것처럼 보이는가? 건강한 사람보다 많이 아픈 사람이 더 많은 즐거움들을 느끼는지를 내가 자네에게 묻고자 한다고 생각하지 말고, 내가 즐거움의 크기를 탐구하며 또한 그것[즐거움]의 강렬함이 대체로 어디서 발생하는지를 탐구한다고 생각하게. 그것[즐거움]은 어떤 본성을 갖는지, 그리고 그것이 전혀 존재하지 않는다고 주장하는 사람은 무엇을 말하는지를 파악해야 한다고 우리가 말하고 있기 때문이네.

프로타르코스: 저는 선생님의 말씀을 거의 따라가고 있습니다.

소크라테스: 프로타르코스, 지금 자네는 그것을 형편없지 않게 보여줄 것이네. 대답해보게. 자네는 더 큰 즐거움을 (나는 [수적으로] 많은 것이 아니라 강렬하고 더 강력한 것을 말하는 것이네) 무절제한 삶에서 보는가 또는 절제하는 삶에서 보는가? 주의를 기울여서 말해보게.

E 프로타르코스: 선생님께서 말씀하시는 것을 이해하고, 또한 커다란 차이가 있다는 것을 알겠습니다. 절제하는 사람들은 속담식의 표

현인 조언, 즉 "어떤 것이든 너무 많지 않게!"라는 격언의 조언을 통해 매 순간 유지되고, 그것에 복종합니다. 그러나 어리석고 무절제한 사람들의 강렬한 즐거움은 그들을 미칠 지경으로 이끌고 악명을 높게 만듭니다.

소크라테스: 훌륭하네. 만약 그것이 그렇다면, 가장 커다란 즐거움과 가장 커다란 괴로움이 영혼과 신체의 나쁜 상태에서 발생하는 것이지 탁월성에서 발생하는 것이 아니라는 것이 분명하네.

프로타르코스: 물론입니다.

소크라테스: 따라서 그것들 가운데 몇 가지를 선택해서, 어떤 성질을 갖고 있기에 우리가 그것[즐거움]들을 가장 크다고 말했는가에 대해 살펴봐야만 하네.

46 프로타르코스: 필연적으로 그렇습니다.

소크라테스: 그렇다면 이런 질병의 즐거움들이 어떤 성질을 갖고 있는지 살펴보세.

프로타르코스: 어떤 [질병]을 말씀하시는 겁니까?

소크라테스: 우리가 언급했던 엄격한 사람들이 완전히 싫어하는 혐오스러운 [질병]의 즐거움들 말일세.

프로타르코스: 어떤 [즐거움]들을 말씀하시는 겁니까?

소크라테스: 예를 들면, 문질러서 가려움을 해소하고는 다른 어떤 치료도 필요하지 않은 경우를 말하네. 이 상태가 우리에게 발생한다면, 신에 맹세코, 우리는 무어라 말해야 할까? 그것은 즐거움인가, 아니면 괴로움인가?

프로타르코스: 소크라테스 선생님, 그것은 나쁜 것을 혼합한 듯이 보입니다.

B 소크라테스: 내가 필레보스를 위해 이 논의를 끌어들이는 것은 아

니네. 그러나 프로타르코스, 이 즐거움들과 그것들을 따르는 것들이 없고, 또한 그것들을 관찰하지 않는다면, 우리는 지금 탐구하는 것을 결코 해결할 수 없을 것이네.

프로타르코스: 우리는 이것들과 같은 종류의 것들로 진행해야만 합니다.

소크라테스: 혼합된 것을 공유하는 것들을 말하는 건가?

프로타르코스: 물론입니다.

C 소크라테스: 혼합된 어떤 것들은 신체와 관련되고 신체 내부에만 있는 반면에, 다른 것들은 영혼만의 것들이며 영혼 내부에 있다네. 또한 우리는 영혼과 신체의 괴로움들과 즐거움들이 혼합된 것들을 발견하게 되는데, 이것들이 때로는 즐거움들이라고 불리고 때로는 괴로움들이라고 불린다네.

프로타르코스: 어째서 그렇습니까?

D 소크라테스: 회복되거나 파괴되는 과정에서, 때로는 춥다가 더워지거나 또는 덥다가 추워지는 것처럼 누구든 상반된 상태들을 경험한다네. 그가 한편으로는 [무언가를] 소유하려 애쓰고 다른 한편으로는 [그런 소유 상태에서] 벗어나려고 애쓰는 것이라고 나는 생각하네. 쓴맛과 단맛의 혼합이라고 말해지는 상태가 제거되기 어렵게 되면 [처음에는] 격앙되다가 나중에는 격렬한 흥분을 야기한다네.

프로타르코스: 지금 선생님의 말씀은 전적으로 참됩니다.

소크라테스: 그런 혼합들이 한편으로는 똑같은 정도의 괴로움들과 즐거움들로 이루어지지만, 다른 한편으로는 둘 중의 한 가지를 더 많이 가진 것으로 이루어지기도 하지?

프로타르코스: 어찌 안 그렇겠습니까?

소크라테스: 그렇다면 방금 말했던 가려움이나 간지럼의 경우처럼,
괴로움들이 즐거움들보다 더 많은 경우를 말해보게. 작열감과 염
E 증이 내부에 있어서 문지르거나 긁어서는 해소되지 않고 단지 표
면만을 완화시켜 줄 때, 때로는 그것들을 불이나 그와 반대되는
이끌어가 많은 양의 즐거움들로 변화시키기도 한다네. 즉, 때로는
괴로움들과 즐거움들 가운데 어떤 것이 우세하든, 내부와 외부의
47 상반성이 그것들의 혼합을 산출한다네. 이것이 혼합된 것들을 강
제로 흩어놓거나 흩어진 것들을 혼합하고, 또한 괴로움들과 즐거
움들을 동시에 제공한다네.

프로타르코스: 매우 참된 말씀입니다.

소크라테스: 그런 모든 종류의 혼합에 즐거움이 더 많은 경우 괴로움이 조금이라도 섞이게 되면 간지럽고 다소 성가시지만, 과도한 즐거움은 부담스럽고 또한 때로는 기뻐 날뛰게 만들어, 온갖 종류의 얼굴색과 온갖 종류의 몸짓, 그리고 온갖 종류의 숨결을 만들어내며, 또한 완전히 정신을 놓고 무분별하게 소리 지르도록 만들지 않겠나?

B 프로타르코스: 분명히 그렇습니다.

소크라테스: 그것[과도한 즐거움의 상태]은 그 자신과 다른 사람들로 하여금 그가 [너무도] 즐거워 [거의] 죽겠다 싶을 정도라는 것을 그에 대해 말하도록 만든다네. 그리고 그가 더 버릇이 없고 더 무분별할수록, 그는 항상 더 가깝게 이 즐거움들을 뒤따른다네. 그는 그것들을 최상의 것이라고 부르며, 그것들 속에서 대부분을 사는 사람을 가장 행복하다고 간주한다네.

C 프로타르코스: 소크라테스 선생님, 대부분의 사람들이 기대할만한 모든 것을 자세하게 논의하셨습니다.

D 소크라테스: 프로타르코스, 신체의 표면[외부]과 내부의 공통된 상태들이 혼합된 즐거움들과 관련해서는 그럴 것이네. 하지만 영혼

이 신체와 상반된 공헌을 하는 것[즐거움]들과 관련하여, 즐거움에 반대되는 괴로움이나 또는 괴로움에 반대되는 즐거움은 모두 단일한 혼합에 참여한다네. 이것들에 대해서는 앞에서 자세히 이야기했었네. 어떤 사람이 비어있을 때는 채워지길 갈망하고 기대감으로 즐거워하지만, 비어있음으로 인해 고통스러워한다고 말이야. 그때 나는 지금처럼 말하지는 않았지만, 영혼이 신체와 반대되는 수없이 많은 차이점들을 갖는 이 모든 경우들에는 괴로움과 즐거움의 단일한 하나의 혼합이 생겨난다네.

프로타르코스: 선생님께서 옳게 말씀하시는 것 같습니다.

소크라테스: 아직 우리에게는 괴로움과 즐거움의 혼합들 가운데 하나가 남아 있다네.

프로타르코스: 어떤 것을 말씀하시는 겁니까?

E 소크라테스: 영혼이 종종 움켜잡는다고 우리가 말했던 [감정들의] 혼합을 말하는 것이네.

프로타르코스: 우리는 그것들을 어떻게 불러야 합니까?

소크라테스: 분노, 두려움, 갈망, 한탄, 사랑, 질투, 시기심 등의 모든 것들을 영혼 자체의 어떤 괴로움들로 취급하지 않는가?

프로타르코스: 저로서는 그렇게 합니다.

소크라테스: 우리들은 그것들이 비범한 즐거움들로 가득하다는 것을 발견하게 되지 않겠는가? 또는 우리가 [그 분노를] 상기시켜줄 필요가 있는 것인가?

창의적인 사람조차 분노하게 만들고,
아래로 떨어지는 꿀보다도 더 달콤한 것을.[7]

48 한탄들과 갈망들의 경우에도 괴로움들과 혼합된 즐거움들이 있겠지?

프로타르코스: 그렇게 하실 필요는 없습니다. 그것들은 달리 되지

않고 그렇게 될 테니까요.

소크라테스: 비극을 보면서 사람들이 즐거워하는 동시에 한탄하는 경우를 기억하는가?

프로타르코스: 왜 아니겠습니까?

B 소크라테스: 희극[을 관람할 때] 우리 영혼의 상태에도, 괴로움과 즐거움의 혼합이 있다는 것을 자네는 알겠지?

프로타르코스: 전부 이해하지는 못합니다.

소크라테스: 그런 [상황에서] 그런 상태를 전체적으로 파악한다는 것이 쉽지는 않다네, 프로타르코스.

프로타르코스: 제게도 그렇지 않아 보입니다.

소크라테스: 그것이 더욱 모호해지고 있으니 우리는 그만큼 그것을 더 파악하고, 다른 경우들에도 우리는 괴로움과 즐거움의 혼합을 수월하게 이해해야 하네.

프로타르코스: 계속 말씀하십시오.

소크라테스: 방금 언급된 질투라는 단어가 영혼의 어떤 괴로움을 말하는 건가, 아니면 어떤가?

프로타르코스: 그렇습니다. [영혼의 어떤 괴로움을 말하는 겁니다.]

소크라테스: 그러나 질투하는 사람이 자기 이웃의 나쁜 일들에 즐거움을 내보이지 않는가?

C 프로타르코스: 분명히 내보입니다.

소크라테스: 무지는 나쁜 것이며, 우리가 어리석은 상태라고 말하는 것도 그렇다네.

프로타르코스: 물론입니다.

소크라테스: 이것들로부터, 우스꽝스러운 사람이 어떤 성질을 갖고 있는지 살펴보세.

프로타르코스: 말씀만 하십시오.

소크라테스: 요지는 그것이 나쁜 상태이며, 어떤 상태를 말한다는 것이네. 그리고 그것은 모든 나쁜 상태들 가운데서도 델포이[의 아폴론 신전 기둥]에 적혀 있는 글과 상반된 상태를 갖는다는 것을 말하는 것이지.

프로타르코스: "너 자신을 알라!"는 [글]을 말씀하시는 겁니까, 소크라테스 선생님?

D 소크라테스: 나로서는 그렇다네. 그 글과 상반된 것이라면 "자기 자신을 전혀 알지 말라!"고 말하는 것이 명백하네.

프로타르코스: 물론입니다.

소크라테스: 프로타르코스, 이것을 셋으로 나누어보게.

프로타르코스: 어떻게 하라고 말씀하시는 겁니다. 저는 할 수 없을 것 같습니다.

소크라테스: 자네는 내가 나누어야 한다고 지금 말하는 것인가?

프로타르코스: 저는 그렇게 말씀드리며, 또한 그렇게 간청하는 겁니다.

소크라테스: 자신들에 대해 무지한 사람들의 상태가 그 세 가지 것들 각자와 관련하여 필연적으로 영향을 받지 않겠는가?

프로타르코스: 어째서 그렇습니까?

E 소크라테스: 첫 번째는 재물에 대한 것으로서, 그는 자신의 실체보다 더 부유하다고 생각하지.

프로타르코스: 많은 사람들이 그런 상태에 있을 겁니다.

소크라테스: 더 많은 사람들이 자기가 그런 것보다 더 크고 더 잘 생겼다고 생각하며, 또한 신체와 관련된 모든 것들이 그것들의 진실[현재 보이는 모습]과는 다르다고 생각한다네.

프로타르코스: 전적으로 그렇습니다.

소크라테스: 내 생각에는, 훨씬 더 많은 사람들이 세 번째 것, 즉 영혼의 것들인 탁월성에 대해 오류를 범한다네. 그들은 그렇지 않음에도 불구하고 자신들이 가장 우수하다고 생각한다네.

프로타르코스: 분명히 그렇습니다.

49 소크라테스: 탁월성들 가운데 지혜는 수없이 많은 사람들이 주장을 제시하고 갈등과 거짓된 지혜의 자만으로 가득 채우고 있지 않은가?

프로타르코스: 어찌 안 그렇겠습니까?

소크라테스: 그렇다면 이 모든 상태들이 나쁘다는 것은 옳게 말하는 것이겠군.

프로타르코스: 그렇습니다.

B 소크라테스: 만약 이러한 치기 어린 질투심이 지닌 즐거움과 괴로움의 특이한 혼합을 우리가 보고자 한다면, 이것[무지]을 둘로 나누어야만 하네, 프로타르코스. 자네는 어떻게 둘로 나누라고 말하는 것인가? 모든 사람들이 그렇듯이, 자신들에 대해 거짓되고 어리석은 의견을 가진 사람들의 경우에, 어떤 사람들은 필연적으로 근력과 힘을 갖지만 다른 사람들은 그 반대라는 것이 내 생각이라네.

프로타르코스: 필연적입니다.

C 소크라테스: 그러므로 이렇게 나누어보세. 그들이 허약해서 놀림을 당하면서도 복수할 수 없는 사람을 우스꽝스럽다고 말한다

면 자네는 진실을 말하는 것이네. 그러나 강건하기 때문에 복수할 수 있는 사람들을 두렵고 혐오스럽다고 말한다면, 자네는 그들에 대해 가장 올바르게 정의하는 것이네. 강한 자의 무지는 (그 자체[무지]와 그와 유사한 것은 이웃들에게 해롭기 때문에) 혐오스럽고 부끄럽지만, 허약한 자의 [무지는] 우리에게 우스꽝스러운 지위와 본성을 갖기 때문이지.

프로타르코스: 옳으신 말씀입니다. 그러나 이 모든 것에서 즐거움과 괴로움의 혼합은 제게 명료하질 않습니다.

소크라테스: 그렇다면 시기심의 능력을 먼저 파악해보세.

프로타르코스: 말씀만 하십시오.

D 소크라테스: 그것[시기심]은 일종의 부당한 괴로움과 즐거움인가?

프로타르코스: 그건 필연적입니다.

소크라테스: 적들의 나쁜 일들을 즐거워하는 것은 부당한 것도 아니고 시기하는 것도 아니지 않나?

프로타르코스: 물론입니다.

소크라테스: 사람들이 때로는 친구들의 불행을 보고서 괴로워하지 않고 즐거워하는데, 이것은 부당한 것이 아닌가?

프로타르코스: 어찌 안 그렇겠습니까?

소크라테스: 우리는 무지가 모두에게 나쁘다고 말하지 않았던가?

프로타르코스: 옳습니다.

E 소크라테스: 거짓된 지혜에 대한 친구들의 자만, 아름다움에 대한 그들의 자만, 그리고 (세 가지[종류]가 생성된다고 말하면서) 우리가 방금 스쳐 지나갔던 것들은 허약할 때는 우스꽝스럽고 강건할 때는 혐오스럽다네. 친구들의 상태가 다른 사람들에게 해로울 때,

우리는 내가 방금 말했던 것처럼 그것이 우스꽝스럽다고 말하겠나 또는 말하지 않겠나?

프로타르코스: 전적으로 그렇게 [말할 겁니다].

소크라테스: 우리는 무지 그 자체가 나쁘다는 데 동의하지 않는가?

프로타르코스: 그렇습니다.

소크라테스: 우리가 그것을 비웃을 때, 우리는 즐거워하는가 또는 괴로워하는가?

50 프로타르코스: 우리가 즐거워할 것이 분명합니다.

소크라테스: 우리는 친구의 불행에 대한 즐거움이 시기심의 산물이라고 말하지 않았던가?

프로타르코스: [시기심의 산물이라는 것은] 필연적입니다.

소크라테스: 그 논의는 우리가 즐거움을 시기심과 혼합함으로써 친구의 우스꽝스러운 어떤 것을 비웃고, [또한 그렇게 함으로써] 즐거움과 괴로움을 혼합한다고 결론내리고 있네. 우리는 시기심이 영혼의 괴로움이고, 비웃음이 즐거움이라는 것에 동의했으며, 이 두 가지는 그런 경우에 동시에 생성된다네.

프로타르코스: 진실입니다.

B 소크라테스: 한탄들과 비극들과 희극들에서, 즉 연극에서만이 아니라 삶의 모든 비극과 희극에서, 또한 수없이 많은 다른 것들에서도, 괴로움은 즐거움과 혼합된다네.

프로타르코스: 완전히 상반된 것에 대해 논쟁을 벌여보고 싶지만, 그것에는 동의하지 않을 수 없습니다, 소크라테스 선생님.

C 소크라테스: 우리는 분노, 갈망, 한탄, 두려움, 사랑, 질투, 시기심과 그런 종류의 것들에 대해 말했고, 우리가 이미 빈번하게 언급

했던 혼합을 그것들 안에서 찾을 수 있다고 말했었네, 그렇지 않은가?

프로타르코스: 예.

소크라테스: 우리가 방금 자세하게 논의했던 모든 것들이 한탄과 시기심과 분노에 관련되었음을 우리는 알았지?

프로타르코스: 어떻게 저희가 알지 못하겠습니까?

소크라테스: 아직 남아있는 것들이 많지 않은가?

프로타르코스: 물론입니다.

소크라테스: 자네는 왜 내가 희극 내부의 혼합을 자네에게 특별히
D 지적했다고 생각하는가? 그것은 자네에게 사랑과 두려움, 그리고
다른 경우들 내부의 혼합을 표본으로 보여주기가 쉽다는 확신을 주려는 것이 아니었겠나? 자네가 이것을 받아들이면, 내가 논의를 확장하게끔 더 이상 내버려두지 않으리라 기대했었네. 즉, 영혼이 없는 신체의 상태들, 신체가 없는 영혼의 상태들, 그리고 서로에 공통된 상태들 내부에는 괴로움과 즐거움의 많은 혼합들이 가득하다는 점을 자네가 단적으로 수용하리라고 말일세. 이제 자네가 나를 보내줄 것인지 또는 밤새 잡아놓을 것인지에 대해 말해보게.
E 내가 한 마디만 더 하면 자네가 나를 보내주리라고 나는 생각하
네. 이 모든 것에 대해 내일 자네에게 기꺼이 설명하겠지만, 지금은 필레보스가 요구하는 판단과 관련된 나머지 것들에 대해 준비하고 싶다네.

프로타르코스: 훌륭하신 말씀입니다, 소크라테스 선생님. 선생님께서 원하시는 대로 나머지 것들에 대해 자세하게 말씀해주십시오.

소크라테스: 혼합된 즐거움들[에 대해 논의한] 이후에, 우리는 자연스럽고도 필연적으로 혼합되지 않은 것들로 순서에 따라 진행해야만 한다네.

51 프로타르코스: 매우 훌륭하신 말씀입니다.

소크라테스: 이번에 나는 그것들을 우리에게 설명하려고 노력할 것이네. 나는 모든 즐거움들이 괴로움의 중단이라고 말하는 사람들에게 설득되지 않으며, 내가 말했듯이 '어떤 것들은 즐거움들처럼 보이지만 결코 [즐거움들이] 아니라는 점'과 '다른 어떤 것들은 크고도 많은 듯이 보이지만 사실은 괴로움 또는 신체와 영혼과 관련된 가장 큰 괴로움들의 중단과 혼합되었다는 점'을 입증하기 위한 증인들로 [그들을] 이용한다네.

Ⅱ.3 참된 즐거움 (51B-53C)

B 프로타르코스: 소크라테스 선생님, 어떤 것[즐거움]들이 참된 것들이라고 올바르게 간주됩니까?

소크라테스: 아름다운 색깔들이라고 불리는 것과 겉모습들, 대부분의 냄새들, 소리들, 그리고 결핍되었다는 것이 감각되지 않고 괴로움을 느끼지 못하는 모든 것들이 [그런 것들이지만], 그것들의 완성은 감각들과 즐거움들, 그리고 괴로움과 혼합되지 않은 것들을 통해 제공된다네.

프로타르코스: 소크라테스 선생님, 어째서 우리가 이것들에 대해 말하고 있는 겁니까?

C 소크라테스: 내가 말하고 있는 것이 단적으로 명료하진 않지만, 명료하게 만들도록 노력해야만 하네. 내가 지금 말하려고 하는 겉모습의 아름다움이란 많은 사람들이 이해하듯이 동물이나 어떤 그림의 아름다움 같은 것이 아니라네. 자네가 나를 이해할지 모르겠지만, 내가 말하는 것은 그 논의가 직선과 원, 그리고 평면과 입체처럼 각도기와 직선자, 그리고 각도자에 의해 이것들[직선과 원]

D

로부터 생성되는 것들을 말한다는 것일세. 나는 이것들의 아름다움이 다른 것들처럼 무언가와 관련해서 [아름다운 것이] 아니라 본성적으로 항상 아름답거나 또는 [등을] 긁는 [즐거움]과 전혀 비슷하지 않은 [그것들만의] 고유한 어떤 즐거움들을 갖는다고 말하는 것이네. 색깔들은 이런 특징을 가진 아름다움과 즐거움이라네. 우리는 이해하는가, 그렇지 않다면 어떤가?

프로타르코스: 전 노력하고 있습니다, 소크라테스 선생님. 선생님께서도 좀 더 명료하게 말씀하시기 위해 노력해주십시오.

소크라테스: 내가 말하는 것은 부드럽고 듣기 좋은 소리들 가운데 맑은 음을 내는 것은 다른 것과 관련하여 아름다운 것이 아니라 그 자체로서 [아름다운 것이며], 또한 그것들에 본래적인 즐거움들이 따른다는 것이네.

프로타르코스: 그것 또한 그렇습니다.

E 소크라테스: 냄새와 관련된 즐거움들은 덜 신적인 종류이네. 그것들과 혼합된 필연적인 괴로움은 없고, 또한 어떻게 그리고 언제 우리에게 그것들이 생성되든, 나는 그것들을 다른 것들과 상반된 것들로 간주한다네. 자네가 이해할지 모르겠지만, 이것들이 내가 말하는 [즐거움의] 두 가지 종류들이네.

프로타르코스: 전 이해합니다.

52 소크라테스: 그렇다면 배움에 대한 즐거움들을 그것들에 더해 보게. 우리에게는 그것들이 배움에 대한 굶주림을 갖지 않으며, 또한 [그것들이] 배움에 대한 굶주림을 근원으로 하는 고통도 갖지 않는다고 생각되는지 말일세.

프로타르코스: 그렇게 보입니다.

소크라테스: 그럼 다음은 어떤가? 만약 지식으로 가득한 뒤에 망각으로 인해 그것을 상실한다면, 자네는 그것들 속에서 어떤 고통이

든 볼 수 있는가?

B 프로타르코스: 본성적인 것은 아니지만, 그것을 잃었다는 결핍감에 괴로워할 때, 그것을 숙고하면서 고통스러워하겠죠.

소크라테스: 내 친구여, 지금 우리는 숙고와는 별도로 본성적인 상태들만을 자세하게 논의하고 있다네.

프로타르코스: 배움의 경우에 우리에게 아무런 괴로움이 없이 망각이 발생한다고 선생님께서 말씀하신 것은 진실입니다.

소크라테스: 이러한 배움의 즐거움들이 괴로움과 혼합되지 않았으며, 또한 많은 사람들이 아니라 아주 적은 사람들의 것들이라고 말해야만 한다네.

프로타르코스: 어찌 그렇게 말하지 않을 수 있겠습니까?

C 소크라테스: 지금 우리는 순수한 즐거움들과 순수하지 못하다고 옳게 말해질만한 것[즐거움]들을 적절하게 분리했으니, 강렬한 즐거움들은 측정할 수 없는 정도이고 상반된 종류의 것들은 알맞은 정도라는 설명을 덧붙이세. 클 수도 있고 강렬할 수 있음을 수용하고, 종종 또는 드물게 그런 것들이 되는 한편, 신체와 영혼을 통
D 해 더 많거나 더 적게 되는 것들은 한정되지 않은 것[즐거움]들에 속하며, 다른 것들은 알맞은 정도에 속하는 것[즐거움]들이라네.

프로타르코스: 매우 옳으신 말씀입니다, 소크라테스 선생님.

소크라테스: 아직도 그것들에 대해 검토해야만 하네.

프로타르코스: 어떤 것입니까?

소크라테스: 무엇이 진리와 관련된 것처럼 보이는가? 그것은 순수하고 혼합되지 않은 것인가, 강렬한 것인가, 많은 것인가, 큰 것인가, 또는 충분한 것인가?

프로타르코스: 소크라테스 선생님, 그 질문을 하시는 의도가 무엇

입니까?

E 소크라테스: 프로타르코스, 각각의 것이 순수한 상태에서 판단하고, 또한 나와 자네, 그리고 여기 있는 모든 사람들이 쉽게 판단하도록 하기 위해, 나는 즐거움과 지식들 가운데 어떤 부분은 순수하고 다른 부분은 순수하지 않은가에 대한 시험에서 아무 것도 빠뜨리지 않으려는 것이네.

프로타르코스: 매우 옳습니다.

소크라테스: 우리가 순수하다고 말하는 모든 것들과 관련하여 이런 식으로 생각해보게. 먼저 그것들 가운데 하나를 선택해서 살펴보세.

53 프로타르코스: 무엇을 선택해야 합니까?

소크라테스: 자네가 원한다면, 먼저 흰색의 종류를 살펴보세.

프로타르코스: 좋습니다.

소크라테스: 어떻게, 그리고 어떤 종류의, 흰색의 순수성이 우리에게 있을 수 있는가? 그것은 다른 어떤 색깔의 부분도 들어 있지 않은 가장 크고도 가장 많고 또한 가장 혼합되지 않은 것인가?

프로타르코스: 그것이 가장 순수하다는 것은 분명합니다.

B 소크라테스: 옳은 말이네. 그렇다면 프로타르코스, 이것이 모든 흰색들 가운데 가장 참된 동시에 가장 아름답지만, 가장 많고 가장 큰 것은 그렇지 않다고 주장하겠지?

프로타르코스: 옳습니다.

소크라테스: 약간 순수한 흰색이 혼합된 많은 흰색들보다 더 희고 더 아름답다고 우리가 말하는 것은 전적으로 옳은가?

프로타르코스: 전적으로 옳습니다.

C 소크라테스: 그렇다면 어떤가? 즐거움에 대한 논의와 관련하여 많은 사례들이 필요하진 않지만, 괴로움이 혼합되지 않았다면 (큰 것 가운데) 작고 (많은 것 가운데) 적은 모든 즐거움이 더 즐겁고 더 참되고 더 아름답다고 생각하기에 충분하다네.

프로타르코스: 분명히 그렇습니다. 그리고 그 사례로서 충분합니다.

소크라테스: 이런 것은 어떤가? 우리는 즐거움과 관련하여 항상 생성[의 과정]은 있지만, 즐거움의 존재[상태]는 없다는 이야기를 들어보지 않았나? 이 논의를 우리에게 밝히려고 노력했던 명석한 사람들이 있는데, 우리는 그들에게 고마워해야만 한다네.

프로타르코스: 무슨 말씀입니까?

D 소크라테스: 프로타르코스, 자네에게 다시 질문함으로써 그것을 자세히 논의하세.

프로타르코스: 말씀하시고, 질문만 하십시오.

소크라테스: 두 가지가 있는데, 하나는 그 자체로서 있는 것이고, 다른 하나는 항상 다른 것을 욕구한다네.

프로타르코스: 어떻게 그것들이고, 또한 그것들은 무엇을 말씀하시는 겁니까?

소크라테스: 하나는 본성적으로 근엄하며, 다른 것은 그보다 열등하다네.

프로타르코스: 더 명료하게 말씀해주십시오.

소크라테스: 잘 생기고 훌륭한 사랑스런 젊은이들, 그리고 그와 동시에 그들을 사랑하는 남자들[8]이 있다네.

프로타르코스: 물론입니다.

E 소크라테스: 우리가 말하는 모든 것들과 관련하여 한 쌍을 이루는

것들과 유사한 다른 한쌍을 찾아보게.

프로타르코스: 제가 세 번이나 질문해야 합니까? 소크라테스 선생님, 선생님께서 말씀하시려는 것을 좀 더 명료하게 말씀해주십시오.

소크라테스: 그것은 복잡한 것이 아니라네, 프로타르코스. 그 논의는 장난스러웠지만, 그것은 존재하는 것들 가운데 어떤 것은 항상 다른 것을 위해 존재하며, 다른 어떤 것은 항상 생성되는 것을 위해 생성된다고 말하는 것이라네.

프로타르코스: 여러 차례 말씀해주셨음에도 불구하고 저는 거의 이해하지 못했습니다.

54 소크라테스: 여보게, 그 논의가 진전됨에 따라 아마도 우리는 더 잘 이해할 것이네.

프로타르코스: 어찌 안 그렇겠습니까?

소크라테스: 또 다른 한 쌍을 파악해보세.

프로타르코스: 어떤 것들입니까?

소크라테스: 하나는 모든 것들의 생성이고, 다른 하나는 존재이네.

프로타르코스: 저는 선생님의 그 두 가지 것들, 즉 존재와 생성을 받아들입니다.

소크라테스: 매우 옳은 일이네. 그런데 우리는 존재를 위한 생성과 생성을 위한 존재 가운데, 어떤 것이 다른 것을 위한 것이라고 말하는가?

프로타르코스: 지금 선생님께서는 존재라고 불리는 것이 생성을 위한 것인지를 알고자 하시는 겁니까?

소크라테스: 그렇게 보이네.

B 프로타르코스: 선생님께서 제게 질문하시던 것이 이런 것입니까? "프로타르코스, 자네는 선박 건조가 배를 위한 것이라고 생각하는지 또는 배가 선박 건조를 위한 것이라고 [생각하는지] 내게 말해 보게." 또는 이런 종류의 모든 것들 말입니다.

소크라테스: 그것이 내가 말하는 것이네, 프로타르코스.

프로타르코스: 그렇다면 소크라테스 선생님, 왜 선생님께서 스스로 답변하지 않으시나요?

소크라테스: 내가 못할 것은 전혀 없네. 자네가 논의에 참여한다면 말이야.

프로타르코스: 물론 그렇게 하겠습니다.

C 소크라테스: 약물과 모든 도구와 모든 재료는 전반적으로 생성을 위해 이용되고, 각각의 생성은 어떤 존재나 다른 것들을 위한 것이며, 또한 생성 전체는 존재 전체를 위한 것이라고 나는 말하고 있네.

프로타르코스: 매우 명료합니다.

소크라테스: 즐거움이 생성의 한 종류라면, 그것은 필연적으로 [다른] 어떤 존재를 위해 생성되는 것이네.

프로타르코스: 물론입니다.

소크라테스: 어떤 것을 위해 생성되는 것이 항상 목표로 하는 것[9]은 좋은 것의 부분에 속해야 하고, 다른 것을 위해 생성되는 것은 다른 부분에 속해야 한다네, 내 친구여.

D 프로타르코스: 매우 필연적입니다.

소크라테스: 즐거움이 생성의 한 형태라면, 우리가 그것을 좋은 부분이 아닌 다른 곳에 위치시킨 것은 옳은 것이지?

프로타르코스: 매우 옳습니다.

소크라테스: 우리가 이것에 대한 논의를 시작할 때 내가 말했듯이, 우리는 즐거움의 생성만이 있고 존재는 없다고 알려줬던 사람에게 고마움을 가져야만 하네. 왜냐하면 그는 즐거움이 좋다고 주장한 사람들을 비웃을 것이 분명하기 때문이네.

프로타르코스: 분명히 그럴 겁니다.

E 소크라테스: 그와 동일한 사람이 생성들 속에서 완전한 것을 찾는 사람들도 비웃을 것이네.

프로타르코스: 어떻게 그렇다는 것이고, 또한 무엇을 말씀하시는 겁니까?

소크라테스: 생성에 의해 완전히 치유되는 굶주림이나 갈증이나 그런 것들 가운데 어떤 것을 치유한 사람들은 생성 자체가 마치 즐거움인 것처럼 그것 때문에 즐거워하며, 또한 그들은 갈증과 굶주림의 상태를 뒤따르는 모든 것들을 겪을 수 없다면, 그런 것들이 없는 삶을 받아들이지 않으리라고 말한다네.

55 프로타르코스: 그들은 그럴 겁니다.

소크라테스: 우리는 생성의 반대가 파괴라고 말하지 않겠나?

프로타르코스: 필연적입니다.

소크라테스: 이런 선택을 하는 사람은 즐거움도 없고 괴로움도 없이 단지 가장 순수한 잠재적 사고만이 있는 제3의 삶보다는 [차라리] 생성과 파괴를 선택할 것이네.

프로타르코스: 소크라테스 선생님, 만약 누군가 즐거움이 우리에게 좋은 것이라고 가정한다면, 크게 불합리한 결과가 나올 겁니다.

소크라테스: 크게 불합리하겠지. 다음으로 이렇게 말해보세.

프로타르코스: 어떻게요?

B 소크라테스: 영혼을 제외하고는 신체나 다른 많은 것들 안에 좋은 것이 전혀 없으며, 그것[영혼] 안에는 즐거움만이 있는 반면에 용기와 절제와 지성과 영혼의 다른 모든 좋은 것들은 그런 종류의 것이 아니라는 것[주장]이 어떻게 불합리하지 않은 것인가? 이 모든 것을 떠나서, 즐거움이 아니라 괴로움을 느끼는 사람은 그가 모든 사람들 가운데 가장 좋은 사람일지라도 (그가 괴로움을 느낄
C 때) 나쁘다고 말하는 것은 필연적이며, 또한 즐거움을 느끼는 사람은 (그가 즐거워할 때) 그가 즐거워하면 할수록 탁월성과 관련하여 더 뛰어나다고 말하는 것도 필연적이겠지?

Ⅱ.4 지식의 분류 (55C-59D)

프로타르코스: 소크라테스 선생님, 그 모든 것이 불합리함이 할 수 있는 전부입니다.

소크라테스: 즐거움에 대해서는 자세한 모든 검토를 하지만, 지성과 지식에 대해서는 매우 절제하는 듯이 보이지 않도록 하세. 그리고 어떤 결함을 갖고 있는지 모든 곳을 두드려보게. 그것들 가운데 본성적으로 가장 순수한 것이 무엇인지를 봄으로써, 우리는 이것들과 즐거움의 가장 참된 부분들을 공통된 판단에 이용할 수 있을 걸세.

프로타르코스: 옳습니다.

D 소크라테스: 배움들과 관련하여, 지식의 어떤 부분은 생산적이고 다른 부분은 교육과 양육과 관련된다고 나는 생각하네. 어떤가?

프로타르코스: 그렇습니다.

소크라테스: 수공예에서 어떤 부분은 지식과 더 관련되고 다른 부분은 덜 관련되며, 어떤 것은 가장 순수한 것이고 다른 것은 덜 순수한 것으로 간주해야 한다는 점을 먼저 생각해보세.

프로타르코스: 그래야 되겠죠.

소크라테스: 그것들 각각에서 지배하는 것들을 구분하고 분리시켜야겠지?

프로타르코스: 어떤 것들을, 어떻게 하라는 말씀입니까?

E 소크라테스: 만약 모든 기술에서 산술과 측량술과 계량술을 분리시킨다면, 남는 것은 무가치하다고 말할 수 있을 것이네.

프로타르코스: 정말로 무가치합니다.

56 소크라테스: 이것들 뒤에는, '추측하는 것'과 '경험과 실천을 통해 감각들을 충분히 훈련하는 것'이 남아있다네. 이것은 많은 사람들이 기술이라 부르는 것이며, 또한 연습과 노력을 통해 완성되는 추측 능력을 이용하는 것이라네.

프로타르코스: 매우 필연적인 말씀입니다.

소크라테스: 먼저 음악에는 [추측]으로 가득하다네. 이것은 잣대에 의해서가 아니라 연습을 통한 추측에 의해 화음을 획득한다네. 그리고 플루트 연주는 전반적으로 추측에 의해 산출되는 각 음의 정도[고저]를 추적하며, 따라서 명료하지 않은 것이 많이 혼합되어 있어 명료성이 적다네.

프로타르코스: 매우 참된 말씀입니다.

B 소크라테스: 의술과 농사와 항해술과 지휘술이 비슷한 방식임을 우리는 발견할 것이네.

프로타르코스: 물론입니다.

소크라테스: 나는 건축술이 가장 많은 잣대들과 도구들을 이용하여, 그것에 상당한 정확성을 제공하고 또한 많은 기술들보다 그것을 더 숙련되게 만든다고 생각하네.

프로타르코스: 어떻게 그렇습니까?

C 소크라테스: 조선과 건축과 목공의 많은 다른 것들 말일세. 내 생각에, 그것은 잣대와 선반, 각도기, 분필선[건축에서 두 점 사이에 직선을 긋기 위해 분필가루를 먹여 사용하는 선], 일종의 정밀한 직각자를 이용하기 때문이지.

프로타르코스: 물론입니다, 소크라테스 선생님. 선생님께서는 옳게 말씀하고 계십니다.

소크라테스: 기술이라고 불리는 것을 두 가지로, 즉 음악을 가깝게 따르면서 기능상으로 덜 정확한 것들과 건축술처럼 더 정확한 것들로 나누어보세.

프로타르코스: 그렇게 하시죠.

소크라테스: 이것들 가운데 가장 정확한 것들은 제가 방금 가장 먼저라고 말했던 기술들이라네.

프로타르코스: 제가 보기에는 선생님께서는 산술과 방금 말씀하셨던 다른 기술들을 말씀하시는 것 같습니다.

D 소크라테스: 물론이네. 그러나 프로타르코스, 이것들이 다시 이중적으로 말해져야 하지 않겠나? 어떤가?

프로타르코스: 어떤 것들을 말씀하시는 겁니까?

소크라테스: 무엇보다도 산술은 많은 사람들의 것과 철학자들의 것이 있다고 말해야만 하지 않겠는가?

프로타르코스: 어떻게 하나의 산술을 다른 것과 구분할 [경계선을 그을] 수 있습니까?

E 소크라테스: 그 차이[경계선]는 작지 않다네, 프로타르코스. 어떤 사람들은 숫자와 관련하여, 두 [개의] 부대와 두 [마리] 소와 아주 작거나 아주 큰 두 [개의] 것들처럼 동등하지 않은 단위들을 생각하지만, 만약 수없이 많은 각각의 단자들이 결코 다른 어떤 단위와 다르지 않다면, 다른 사람들은 그들에게 가깝게 따르지는[전적으로 동의하지는] 않을 것이라네.

프로타르코스: 숫자에 관심을 가진 사람들 사이에 하찮지 않은 차이가 있다는 것은 좋은 말씀이시고, 그것이 두 [종류]라는 것도 합리적입니다.

57 소크라테스: 그렇다면 우리는 '건축가나 상인의 건축술에 의한 계산술과 교역술,' 그리고 '철학자에 의한 기하학과 계산법'을 각각 하나라고 간주해야 하는가 또는 둘로 간주해야 하는가?

프로타르코스: 이전에 제시되었던 것에 따라, 저는 그것들이 각기 둘이라는데 손을 들어줘야겠습니다.

소크라테스: 옳게 말했네. 그런데 자네는 내가 왜 그것을 여기로 끌어들이는지 이해하는가?

프로타르코스: 아마도 그럴 겁니다. 하지만 저는 선생님께서 지금 그 질문에 답변해주시길 희망합니다.

B 소크라테스: 우리가 처음에 말할 때 그랬던 것처럼, 그 논의는 즐거움에 대응되는 것을 탐구하려고 문제를 제기한 것이고, 따라서 우리는 하나의 즐거움이 다른 즐거움보다 [더 순수한] 것과 마찬가지로, 하나의 지식보다 더 순수한 다른 지식이 있는가에 대해 고찰해야 한다네.

프로타르코스: 그것이 [그런 목적]을 위해 시도되었다는 것은 매우 명백합니다.

소크라테스: 다음은 어떤가? 우리는 이전에 서로 다른 것들은 서로

다른 기술들을 가지며, 또한 하나의 것은 다른 것보다 더 명백하거나 또는 덜 명백하다는 것을 발견하지 않았던가?

프로타르코스: 물론입니다.

C 소크라테스: 그것들 안에서 어떤 기술을 하나의 동일한 이름으로 불러서, 우리로 하여금 그것을 하나로 생각하게 만든 바로 그것을 명백함과 순수함과 관련하여 다시 둘로 간주하고, 더 명백함을 지닌 것이 철학자들의 것인가 아니면 비철학자들의 것인가를 다시 질문해야 하겠지?

프로타르코스: 그것을 지속적으로 묻고 있는 것처럼 보입니다.

소크라테스: 그렇다면 우리는 어떤 답변을 제시해야 할까, 프로타르코스?

프로타르코스: 소크라테스 선생님, 우리는 지식들의 차이점이 놀랍게도 크다는 점에 도달했군요.

소크라테스: 그것이 우리가 답변하는 것을 수월하게 해주지 않겠나?

D 프로타르코스: 물론입니다. 이 기술들은 다른 것들보다 우월하며, 이것들 가운데 진정한 철학자들의 충동에 의해 동요된 기술들도 잣대와 숫자에 대한 정확성과 진리성에서 상당히 우수합니다.

소크라테스: 자네를 따르겠네, 그리고 자네에게 의지함으로써, 논의를 왜곡하는 끔찍한 사람들에게 자신 있게 답변하겠네.

프로타르코스: 무엇을 말씀입니까?

소크라테스: 두 종류의 산술과 두 종류의 측량술, 그리고 이런 식의 이중성을 가지면서 하나의 같은 이름을 공유하는 많은 다른 것[기술]들이 있다고 말일세.

E 프로타르코스: 소크라테스 선생님, 선생님께서 끔찍하다고 말씀하

시는 사람들에게 행운을 빌면서 이 답변을 전해주시죠.

소크라테스: 그렇다면 우리는 이 지식들이 가장 정확하다고 말하겠지?

프로타르코스: 물론입니다.

소크라테스: 그러나, 프로타르코스, 만약 우리가 어떤 다른 것[기술]을 그것[변증술] 앞에 놓는다면, 변증술의 힘은 우리에게 등을 돌릴 것이네.

58 프로타르코스: 그것은 어떤 것을 말하는 겁니까?

소크라테스: 내가 지금 말하는 것[기술]이 무엇인지 모두가 알고 있으리라는 것은 분명하네. 왜냐하면 내 생각에, 지성을 가진 모두는 존재하는 것과 실재하는 것, 그리고 항상 본성적으로 그러한 것과 관련된 것[지식]이 지식 가운데 가장 진실하다고 믿을 것이기 때문이네. 자네는 어떤가? 프로타르코스, 자네는 이것에 대해 어떻게 판단하는가?

B 프로타르코스: 소크라테스 선생님, 저는 “설득이 다른 모든 기술들보다 우월하다”고 고르기아스 선생님께서 꾸준하게 [주장하셨다는 이야기를] 종종 들었습니다. 왜냐하면 그것은 강제가 아닌 자유의지에 의해 모든 것들을 노예들로 만들며, 또한 모든 기술들 가운데 단연코 가장 좋기 때문입니다. 따라서 저는 지금 선생님이나 그분에게 반대하고 싶지 않습니다.

소크라테스: 내가 보기에, 자네는 “무기를 들어라 [그리고 싸워라]!”라고 말하고 싶었지만, 부끄러워서 그만 두었던 것 같네.

프로타르코스: 그것이 지금 선생님께 어떻게 보이든 그대로 두죠.

소크라테스: 자네가 제대로 이해하지 못한 원인이 나인가?

프로타르코스: 무엇을 [이해하지 못했다고] 말씀하시는 건가요?

C 소크라테스: 내가 여태껏 탐구했던 것은 어떤 기술이나 어떤 지식이 다른 모든 우리에게 가장 크고 가장 좋고 또한 가장 유용하다는 점에서 다른 모든 것들보다 우월하냐는 것이 아니었다네. 내가 지금 탐구하는 것은 어떤 것[지식이나 기술]이 명료성과 정확성과 진리성을 (그런 것들이 적고 또한 이득마저 적을지라도) 살피는가 하는 것일세. 하지만 보게! 한편으로는 그의 기술이 사람들에게 필요성과 관련하여 우수성을 인정하고, 다른 한편으로는 내가 흰
D 색에 대해서 "만약 그것이 작지만 순수하다면, 그것은 크지만 그렇지[순수하지] 않은 것보다 우월하다"고 말할 때 이야기했던 것처럼, 내가 방금 말했던 연구가 최고의 진리라는 점에서 우월하다는 것을 [인정한다면], 고르기아스[10] 선생님께서 자네를 미워하지는 않을 것이네. 지금 깊은 생각과 충분한 고려를 통해, (본성적으로 진리를 사랑하고 그것을 위해 모든 것을 행하는 그런 것이 있다면) 우리는 지식의 어떤 이득이나 어떤 명성이 아니라 우리 영
E 혼의 능력에 주목하고, 그것을 검토해서, 그것이 지성과 지식의 순수성을 소유할 가능성이 가장 많은가 또는 우리가 더 결정적인 것을 주장하는 다른 어떤 것[능력]을 탐구해야 하는가를 우리는 말해야 하네.

프로타르코스: 제가 검토하고 있습니다만, 제 생각에는 다른 어떤 지식이나 기술이 그것[변증술]보다 진리에 더 밀착해있다고 인정하기는 어려울 것 같습니다.

59 소크라테스: 지금 이런 말을 하면서, 자네는 많은 기술들과 그것들에 매진하는 사람들이 무엇보다도 의견을 이용하며 또한 의견에 관련된 것들을 열심히 탐구한다는 것을 고려하고 있나? 그들이 자연을 탐구한다고 생각한다면, 그들은 우주와 관련된 것들, 즉 그것이 어떻게 생성되었고 어떻게 무엇을 겪으며 어떻게 [무엇을] 만드는가를 일생에 걸쳐 탐구하는 것임을 자네는 아는가? 우리는 이렇게 말해야 하는가, 아니면 어떻게 말해야 하는가?

프로타르코스: 그렇게 말해야 합니다.

소크라테스: 우리들 가운데 그런 사람들은 항상 존재하는 것들이 아니라 생성되는 것들, 생성될 것들, 그리고 생성되었던 것들에 관해 다루지 않는가?

프로타르코스: 매우 참된 말씀입니다.

B 소크라테스: 분명히 이것들 가운데 어떤 것이 동일한 상태를 가졌던 적도 없고, 가질 것도 아니고, 또한 현재 갖고 있지도 않다면, 우리는 그것이 엄격한 진리가 되리라고 말할 수 있겠는가?

프로타르코스: 어떻게 그렇겠습니까?

소크라테스: 어떤 확실성도 갖지 않은 것들에 관하여 확실성을 지닌 어떤 것이 우리에게 발생할 수 있는가?

프로타르코스: 제 생각에는 그렇지 않습니다.

소크라테스: 그렇다면 어떤 지성이나 어떤 지식도 그것들과 관련된 최고의 진리를 가질 수 없다네.

프로타르코스: 그럴 것 같습니다.

C 소크라테스: 자네와 나와 고르기아스 선생님과 필레보스에 대한 생각은 모두 떨쳐 버리고, 이 논의에 대해 단호한 주장을 해야만 하네.

프로타르코스: 어떤 주장입니까?

소크라테스: 확실하고 순수하고 참되며, 또한 우리가 합성되지 않았다고 말하는 것은 항상 같은 방식으로 그렇게 혼합됨이 없거나 또는 그것들과 상당히 유사한 것들에 관련된다네. 다른 모든 것들은 이차적이거나 뒤떨어진다고 말해야만 하네.

프로타르코스: 매우 참된 말씀입니다.

소크라테스: 그런 것들과 관련된 이름들 가운데, 가장 훌륭한 것들에 가장 훌륭한 것들을 부여하는 것이 정당하지 않은가?

프로타르코스: 그럴 것 같습니다.

D 소크라테스: 지성과 지혜는 우리가 매우 명예롭게 여길 이름들이 아닌가?

프로타르코스: 예.

소크라테스: 그 이름들은 실재[실제로 존재하는 것]들에 관한 사고에 부여되는 것이 가장 정확하고도 올바르다네.

프로타르코스: 물론입니다.

소크라테스: 내가 판정을 할 때 제시했던 것들이 바로 그 이름들 외에 다른 것들이 아니라네.

프로타르코스: 당연히 그렇습니다. 소크라테스 선생님.

제III부

'좋은 삶'과 '좋은 것들의 순위' (59D-67B)

제 Ⅲ 부

'좋은 삶'과 '좋은 것들의 순위' (59D-67B)

Ⅲ.1 좋은 삶 (59D-65D)

E 소크라테스: 좋군. 지혜와 즐거움의 혼합과 관련하여, 우리가 제작자들과 마찬가지로 어떤 것을 제작하는데 빼내거나 또는 넣어야만 하는 것들이 우리 앞에 놓여있다고 누군가 말한다면, 이것은 훌륭한 표현이네.

프로타르코스: 분명합니다.

소크라테스: 다음으로는 혼합을 해야만 하네.

프로타르코스: 당연히 그렇습니다.

소크라테스: 어떤 것들을 미리 말함으로써 우리 스스로 상기시켜 주는 것이 더 옳지 않겠나?

프로타르코스: 어떤 것들입니까?

60 소크라테스: 우리는 이전에 [말했던 것을] 상기해야만 하네. "훌륭한 것이라면, 우리는 두 번이나 또는 세 번도 반복해야만 한다"는 속담은 좋은 표현이라고 나는 생각한다네.

프로타르코스: 당연히 그렇습니다.

소크라테스: 신에 맹세코. 그 때 말했던 것이 이런 것이라고 나는 생각하네.

프로타르코스: 어떤 것입니까?

B 소크라테스: 필레보스는 그것이 살아있는 모든 것의 올바른 목표이고, 모두가 그것을 목표로 해야 하며, 또한 모두를 위한 좋음이고, 따라서 좋음과 즐거움이라는 두 가지 이름들은 어떤 것 안에 있고, 본성적으로 올바른 하나의 동일한 것이라고 말한다네. 반면에 나 소크라테스는 그것들이 하나가 아니라 이름에서처럼 둘이며, 좋음과 즐거움은 서로 다른 본성을 갖고 있으며, 지혜의 부분보다 즐거움의 부분이 좋음을 더 많이 공유한다고 말한다네. 이것이 [지금] 말하는 것이고, 또한 [과거에] 말했던 것이 아닌가, 프로타르코스.

프로타르코스: 매우 그렇습니다.

소크라테스: 또한 이것도 과거와 현재에 우리에게 동의되었던 것이 아닌가?

프로타르코스: 어떤 것입니까?

소크라테스: 좋음의 본성이 이런 점에서 다른 것들과 다르다는 것 말일세.

C 프로타르코스: 어떤 점에서요?

소크라테스: 동물들 가운데, [좋음을] 항상, 그리고 전체적으로 갖고 있는 것은 그것을 완벽하게, 그리고 모든 면에서 다른 어떤 것을 필요로 하지 않고, 완전히 충족되어 있다는 것이네. 그렇지 않은가?

프로타르코스: 그렇습니다.

소크라테스: 우리는 논의에서 하나를 각각의 것을 다른 것으로부터 분리시키고, [그것들을] 각각의 삶에 부과하려고 시도함으로써, 즐거움은 지혜와 혼합되지 않고, 지혜는 그와 마찬가지로 최소한의 즐거움도 갖지 않게 했네.

프로타르코스: 그랬습니다.

D 소크라테스: 그때 우리에게는 그것들 가운데 하나가 그때 다른 하나를 충족시키는 것처럼 보였나?

프로타르코스: 어찌 그렇겠습니까?

E 소크라테스: 만약 우리가 그때 어떤 오류를 범했다면, 누구든 지금 그것을 수정해서 올바르게 말하게. 그에게 기억과 지혜와 지식과 참된 의견을 동일한 부류로 집어넣고, 이것들이 없는 어떤 것을 소유하거나 획득하는 것을 수용할 것인지 검토하도록 하게. 즐거움이 가장 많든 또는 가장 강렬하든, 그는 그것을 자신이 즐기고 있다는 참된 의견도 없고, 자신이 겪은 것이 어떤 종류인지에 대한 인식도 없고, 또한 그 상태에 대한 잠깐의 기억도 갖지 못할 것이네. 그가 지혜에 대해서도 동일한 질문, 즉 그는 약간의 즐거움을 동반한 것[지혜]보다 잠깐의 즐거움조차 전혀 동반하지 않은 지혜를 받아들이고자 하는지 또는 약간의 지혜를 동반한 것[즐거움]보다 [지혜가 떨어져나간] 모든 즐거움을 받아들이고자 하는지에 대한 질문을 하도록 하게.

프로타르코스: [둘 다] 아닙니다, 소크라테스 선생님. 같은 것을 여러 번 질문할 필요가 없습니다.

61 소크라테스: 이것들 가운데 그 어떤 것도 완벽하고, 모두가 선택하며, 또한 전체적으로 좋은 것은 아니겠지?

프로타르코스: 어떻게 그렇겠습니까?

소크라테스: 우리는 좋음에 대해 진정으로 정확하게 또는 최소한 윤곽이라도 취해야, 우리가 말했던 것처럼 어떤 것에 이등상을 줄 것인지 알 수 있을 것이네.

프로타르코스: 옳은 말씀입니다.

소크라테스: 우리는 좋음으로의 길로 데려가고 있지 않나?

프로타르코스: 어떤 것[길]입니까?

B 소크라테스: 자네가 누군가를 찾다가 먼저 그가 살고 있는 곳을 발견했다면, 자네는 자네가 찾던 사람을 찾음에 있어서 많은 것을 얻은 것이네.

프로타르코스: 어찌 안 그렇겠습니까?

소크라테스: 처음에 그랬듯이, 지금 이 논의는 우리가 좋음을 혼합되지 않은 삶이 아니라 혼합된 것에서 찾아야 한다는 것을 우리에게 드러내주고 있다네.

프로타르코스: 물론입니다.

소크라테스: 우리가 찾는 것이 잘 혼합되지 않은 것[삶]보다 잘 혼합된 것[삶]에서 더 명백하리라는 더 많은 희망이 있지?

프로타르코스: 더 많은 [희망이] 있습니다.

C 소크라테스: 프로타르코스, 신들에게, 즉 [술의 신] 디오니소스나 [불의 신] 헤파이스토스 또는 신들 가운데 그런 혼합을 주재하는 신에게 기도를 드리고 혼합을 하세.

프로타르코스: 물론입니다.

소크라테스: 우리는 술 따르는 사람들과 같으며, 우리 곁에는 샘들이 있다네. 즐거움의 [샘은] 꿀[의 샘]에 비유될 수 있고, 술 취하지 않고 술이 없는 지혜의 [샘은] 쓰고도 몸에 좋은 물[의 샘]에 비유될 수 있는데, 우리는 [이것들을] 가장 훌륭하게 혼합해야만 하네.

프로타르코스: 어찌 안 그렇겠습니까?

D 소크라테스: 자, 먼저 [이걸 보세]. 모든 즐거움과 모든 지혜를 혼합하는 것이 가장 훌륭하게 성공을 거두겠는가?

프로타르코스: 아마도 그럴 겁니다.

소크라테스: 그러나 그것은 안전하지 않다네. 우리가 혼합을 덜 위험하게 만들 수 있는 의견이 내게 있다네.

프로타르코스: 무엇인지 말씀해주십시오.

소크라테스: 우리에게 있어서 하나의 즐거움이 다른 것보다 더 참되고, 하나의 기술이 다른 기술보다 더 정확하다고 우리는 생각한다네.

프로타르코스: 어찌 안 그렇겠습니까?

E 소크라테스: 지식들은 서로 다른데, 어떤 것은 생성되고 소멸되는 것들을 주목하고, 다른 것은 생성되지도 않고 소멸되지도 않으면서 항상 동일한 방식으로 한결같이 존재하는 것들을 주목한다네. 그것들을 진리라는 점에서 고려하면서, 우리는 후자가 더 참되다고 믿는다네.

프로타르코스: 그것은 전적으로 옳습니다.

소크라테스: 만약 우리가 각각의 가장 참된 부분들을 먼저 혼합하고, 이 혼합이 우리에게 가장 바람직한 삶을 제공해줄 수 있는가 또는 우리는 여전히 그런 종류의 것이 아닌 어떤 것을 필요로 하는가?

62 프로타르코스: 제가 생각하기에, 우리는 그렇게 해야 할 것 같습니다.

소크라테스: 정의 자체에 대해 이해하고, 지성에 따르는 설명을 제공하며, 또한 존재하는 다른 모든 것들에 대해 동일한 사고력을 가진 사람이 있다고 가정해보세.

프로타르코스: 그렇게 하시죠.

B 소크라테스: 그 사람이 신적인 원과 구체(具體)에 대해서는 설명하지만 인간적인 구체와 선에 대해서는 무지하면서도, 그와 비슷한

다른 잣대들과 원들을 집짓기에 이용한다면, 그 사람은 충분한 지식을 가진 것일까?

프로타르코스: 소크라테스 선생님, 우리는 신적인 지식 속에만 있는 우리의 어리숙한 상태에 대해 말하고 있습니다.

소크라테스: 자네는 어째서 그렇게 말하는가? 우리는 거짓된 잣대와 원의 확실하지 않고 순수하지 않은 기술을 집어넣어 혼합해야 한다는 것인가?

프로타르코스: 만약 우리 가운데 누군가 집으로 가는 자신의 길을 찾고자 한다면, 그것은 필연적입니다.

C 소크라테스: 추측과 모방으로 가득하고, 순수성을 결여한다고 우리가 조금 전에 말했던 음악은 어떤가?

프로타르코스: 제게는 필연적으로 보입니다. 만약 실제로 우리의 삶이 삶이려면 말입니다.

소크라테스: 군중에 의해 떠밀리고 밀쳐진 문지기가 포기하고 문을 열어주듯이, 모든 지식이 흘러들어와 열등한 것이 순수한 것과 결합하도록 내가 내버려두길 자네는 원하는가?

D 프로타르코스: 소크라테스 선생님, 누군가 우선적인 것을 갖고 있는 경우, 그가 모든 지식들을 갖는다는 것이 그에게 어떤 해가 될지 저는 모르겠습니다.

소크라테스: 나는 그것[모든 지식]들을 호메로스가 협곡들의 만남이라고 했던 매우 시적인 곳으로 흘러 들어가게 해야 할까?

프로타르코스: 물론입니다.

E 소크라테스: [그곳으로 흘러]들어갈 것이네. 그리고 우리는 다시 즐거움의 샘으로 돌아가야만 하네. 왜냐하면 우리는 참된 부분들을 먼저 혼합하려고 했으나 그것이 우리에게 허용되지 않았지만,

지식에 대한 우리의 사랑은 즐거움에 앞서 그것들 모두를 들어가도록 했기 때문이네.

프로타르코스: 매우 참된 말씀입니다.

소크라테스: 이제 우리는 즐거움들에 대해 살펴봐야 하네. 그것들을 모두 함께 풀어 놓을 것인지 또는 참된 것들만을 먼저 들어가게 할 것인지를 말일세.

프로타르코스: 안전의 측면에서는 참된 것들을 먼저 풀어놓는 것이 큰 차이가 있습니다.

소크라테스: 그렇다면 들어가도록 하세. 그 다음에는 무엇인가? 만약 어떤 것들이 필연적이라면, 그것[지식]들처럼 이것들도 혼합해야만 하지 않겠나?

프로타르코스: 왜 안 그렇겠습니까? 그것들이 정말 필연적인 것들이라면 말입니다.

63 소크라테스: 우리가 일생에 걸쳐 모든 기술들을 아는 것이 해가 되지 않고 이롭다고 말했듯이, 만약 우리가 지금 즐거움들에 대해 동일한 것을 말한다면, 즉 일생에 걸쳐 모든 즐거움들을 즐기는 것이 우리에게 이득은 되지만 해가 되지 않는다면, 모든 것[즐거움]들을 혼합해야만 하네.

프로타르코스: 우리가 그런 것들에 대해 어떻게 말해야 하고, 또한 어떻게 해야 할까요?

B 소크라테스: 프로타르코스, 우리에게 계속 물어봐도 필요 없네. 우리는 즐거움 자체들과 지혜 자체들이 서로에 관해 다음과 같은 것을 캐물어서 발견하도록 해야만 하네.

프로타르코스: 어떤 것입니까?

소크라테스: "친구들이여, 자네들이 즐거움들로 [불려야 하든] 또는

다른 어떤 이름으로 불려야 하든, 자네들은 모든 지혜와 더불어 살겠는가 또는 지혜와 동떨어져서 살겠는가?" 이에 대해 이런 답변이 가장 필연적이라고 나는 생각하네.

프로타르코스: 어떤 것[답변]입니까?

C 소크라테스: 이미 말했던 것처럼 말일세. "어떤 하나의 종족이 홀로 외롭게 혼합되지 않고 사는 것은 전적으로 가능하지도 않고 이롭지도 않다네. 그러나 모든 것[종족]들 가운데 하나와 다른 하나를 대립시키고, 우리가 살아가면서 가장 좋은 것은 다른 모든 것들에 대해, 또한 가능하다면 우리들 각자에 대해 이해하는 것이라고 우리는 생각한다네."

프로타르코스: "지금 그대들은 훌륭하게 말했습니다!"라고 우리는 말할 것입니다.

소크라테스: 옳다네. 다음으로 우리는 지혜와 지성에 물어야 하네. "그대들은 혼합에서 어떤 즐거움들을 필요로 합니까?"라고 우리는 지성과 지혜에 질문할 걸세. 그들은 아마도 "어떤 즐거움들을 말하는 것인가?"라고 말할 것이네.

프로타르코스: 그럴 것 같습니다.

D 소크라테스: 그런 뒤에 우리의 논의는 이럴 것이네. "그러한 참된 즐거움들 외에 그대들은 그대들과 더불어 살아갈 가장 크고 가장 강렬한 즐거움들을 필요로 합니까?"라고 우리는 말할 걸세. 그들은 아마도 이렇게 말할 것이네. "소크라테스, 어떻게 그렇겠는가? 그것들은 수없이 많은 장애물들을 갖고 있다네. 그것들은 광적인 즐거움들을 통해 자신들이 거주하는 영혼들을 방해함으로써 우리
E 가 탄생하는 것을 허용하지 않으며, 또한 무관심을 통해 망각을 야기함으로써 [이미] 태어난 우리 자손들 대부분을 완전히 파괴한다네. 그러나 자네들이 말하는 참되고 순수한 즐거움들, 건강과 절제에 결합된 것[즐거움]들, 탁월성 전반을 뒤따르는 것[즐거움]

들이 우리에게는 거의 가족과 같다고 간주하고, 또한 그것들이 신
이라도 되는 것처럼 어디서든 그것들을 혼합하게. 항상 어리석음
64 과 다른 나쁜 것들을 따르는 많은 것[즐거움]들을 지성과 혼합하
는 것은, 가장 아름답고 가장 분열되지 않은 혼합이나 결합을 밝
히고 싶어 하고, 또한 무엇이 사람과 모든 것[우주]의 내부에서 좋
은가, 그리고 무엇이 그것의 본성을 신성하게 하는가를 배우고 싶
어 하는 것은 상당히 비지성적 행위라네." 우리는 지성이 그 자체
와 기억과 옳은 의견을 위해 방금 했던 이 답변이 합리적이고 자
신을 따르는 것이라고 말하지 않겠는가?

프로타르코스: 전적으로 그렇습니다.

소크라테스: 그러나 이런 것이 또한 필연적이며, 그것이 없이는 하나도 생성될 수 없다네.

B 프로타르코스: 어떤 것입니까?

소크라테스: 우리가 진리와 혼합하지 않는 것은 생성되지 않을 것이며, 또한 생성되었더라도 존속하지 못할 것이네.

프로타르코스: 어찌 그렇겠습니까?

소크라테스: 결코 그렇지 않지. 그러나 만약 이 혼합에서 여전히 무언가가 요구된다면, [그렇다는 것을] 자네와 필레보스가 말해야만 하네. 왜냐하면 어떤 비물질적 질서가 영혼을 가진 신체를 아름답게 지배하듯이, 내게는 현재의 논의가 완료된 것처럼 보이기 때문이네.

프로타르코스: 소크라테스 선생님, 저도 그렇게 생각하는 [사람들에] 포함해주세요.

C 소크라테스: 우리가 지금 즐거움의 현관문 또는 그런 종류[즐거움]가 거주하는 곳의 현관문에 서있다고 한다면, 아마도 우리가 어떤 점에서는 올바르게 말하는 것이겠지?

프로타르코스: 제게는 그렇게 보입니다.

소크라테스: 그렇다면 그 혼합에서 그런 상태를 모두에게 사랑받도록 하는 가장 값지고도 가장 주된 원인처럼 우리에게 보이는 것은 무엇인가? 그것을 살펴본 뒤에, 우리는 우주 내부에서 그것이 즐거움이나 지성과 더 밀접하고 더 닮은 것인가를 고려해야만 하네.

D 프로타르코스: 옳습니다. 왜냐하면 그것은 판단함에 있어서 우리에게 가장 유용할 것이기 때문입니다.

소크라테스: 모든 혼합이 절대적으로 가치를 갖게 되거나 또는 전적으로 갖지 않게 되는 원인을 살피는 것은 어렵지 않다네.

프로타르코스: 어떻게 해서 그렇다는 말씀인가요?

소크라테스: 그걸 모르는 사람은 아무도 없을 것이네.

프로타르코스: 어떤 것입니까?

E 소크라테스: 균형과 비율의 본성을 소유하고 있지 못하는 것은 어떤 [종류의 혼합이든] 또는 어떤 방식의 혼합이든, 그것은 필연적으로 그것의 구성요소들과 무엇보다도 그 자체를 파괴해야만 한다네. 왜냐하면 그것은 결코 혼합이 아니라 실제로는 혼합되지 않은 것들을 모은 것이며, 그것을 획득한 것들에게는 매순간 불행이 발생하기 때문이네.

프로타르코스: 매우 참된 말씀입니다.

소크라테스: 이제 좋음의 힘은 우리에게 아름다움의 본성으로 피신해 있네. 왜냐하면 균형과 비율은 모든 곳에서 아름다움과 탁월함으로 동일시되기 때문이네.

프로타르코스: 물론입니다.

소크라테스: 우리는 진리도 혼합물에서는 그것들과 혼합된다고 말

했었네.

프로타르코스: 전적으로 그렇습니다.

65 소크라테스: 그렇다면 만약 우리가 좋음을 한 가지 형태로 잡을 수 없다면, 그것을 아름다움, 비율, 그리고 진리의 세 가지로 파악하고, 하나와도 같은 이것들이 혼합 속에 있는 것들 가운데서 원인이라고 올바르게 주장하며, 또한 이것들의 좋음을 통해 혼합 그 자체가 그런 것으로 된다고 말해야 하네.

프로타르코스: 매우 옳습니다.

B 소크라테스: 프로타르코스, 이제 즐거움과 지식에 관련하여, 누구든지 그것들 가운데 어떤 것이 가장 좋은 것에 더 밀접하고 또한 인간들과 신들에게 더 큰 가치가 있는가를 판정하는 심판관이 되어줄 것이네.

프로타르코스: 그건 명백하지만, 그럼에도 불구하고 그 논의를 끝까지 진행하는 것이 더 좋을 것 같습니다.

소크라테스: 그렇다면 그 세 가지를 각각 즐거움과 지성에 관련하여 결정해보세. 왜냐하면 우리가 그 각각의 것들을 그 둘[즐거움과 지성] 가운데 어떤 것에 더 밀접하게 부여할지를 살펴야만 하기 때문이네.

프로타르코스: 선생님께서는 아름다움, 진리, 그리고 균형 상태에 관해 말씀하시는 것이죠?

C 소크라테스: 그렇다네. 진리를 먼저 선택하게. 그것을 선택하여 지성, 진리, 그리고 즐거움의 세 가지를 살펴보게. 충분한 시간을 갖고, 즐거움이나 지성 가운데 어떤 것이 진리에 더 밀접한지 자네 자신에게 답변하게.

D 프로타르코스: 왜 시간이 필요합니까? 제 생각에는 큰 차이가 있습니다. 즐거움은 사기꾼들 가운데 최고[의 사기꾼]이고, 일반적으로

말하듯이, 최고의 것처럼 보이는 사랑의 즐거움들 경우에는 거짓된 맹세마저 신에게 용서를 받습니다. 즐거움들은 이성[적 능력]을 조금도 갖지 않는 어린아이들 같다는 것이죠. 그러나 지성은 진리와 동일하거나 또는 모든 것들 가운데서 그것과 가장 비슷하고 또한 가장 참된 것입니다.

소크라테스: 다음으로는 균형을 동일한 방식으로 살펴보고, 즐거움이 지혜보다 그걸[균형을] 더 많이 가졌는가 또는 지혜가 즐거움보다 [균형을 더 많이 가졌는가]를 살펴보세.

프로타르코스: 그것도 검토하기에 쉬운 것을 살펴보자고 제안하셨습니다. 왜냐하면 제 생각에, 존재하는 것들 가운데 즐거움과 과도한 기쁨보다 본성적으로 더 불균형한 것들이 없으며, 또한 지성과 지식보다 더 균형 잡힌 것은 하나도 없기 때문입니다.

Ⅲ.2 좋은 것들의 순위 (65E-67B)

E 소크라테스: 훌륭하게 말했네. 그러면 계속해서 세 번째 것에 대해 말해보게. 우리에게는 지성이 즐거움의 어떤 부류보다 아름다움을 더 많이 가지는데, 그렇다면 지성이 즐거움보다 더 아름다운가, 또는 그 반대인가?

프로타르코스: 그렇지만 소크라테스 선생님, 어떤 사람이 깨어있든 잠들어있든 지혜와 지성이 흉하다고 보거나 생각하는 사람은 아무도 없으며, [또한 그것들은] 언제 어떤 방식으로든 흉하게 변하지 않을 것이고, [현재] 흉하지도 않으며, 또한 [미래에] 흉하게 되지도 않을 겁니다.

소크라테스: 옳은 말이네.

66 프로타르코스: 우리가 즐거움들과 [그 가운데서도] 가장 큰 것들을 즐기는 사람을 보고, 또한 그것들에 동반하는 어리숙하거나 전반적으로 가장 부끄러운 것을 보게 될 때, 우리는 부끄러움을 느껴서 그것을 최대한 보이지 않게 만들어 숨길 것입니다. 마치 햇빛이 그것들을 보면 안 되는 듯이, 우리는 그 모든 것들을 밤에게 줘버릴 것입니다.

소크라테스: 프로타르코스, 자네는 [멀리 있는 사람에게는] 전령을 보내고 가까이 있는 사람에게는 말로서 어디든 알릴 것이네. 즐거움은 최초의 소유물도 아니고 두 번째도 아니지만, 영원한 본성은 무엇보다도 균형, 평균, 시의적절, 그리고 이것들과 비슷하다고 생각되는 모든 것들을 선택했다네.

프로타르코스: 최소한 방금 말씀하신 것들에 대해서는 그렇게 보입니다.

B 소크라테스: 두 번째는 균형, 아름다움, 완성, 충족, 그리고 그런 종류의 모든 것들이네.

프로타르코스: 그럴 것 같습니다.

소크라테스: 자네가 지성과 지혜를 세 번째 것으로 간주한다면, 내가 예견하기로는 자네가 진리에서 크게 벗어나지는 않을 것이네.

프로타르코스: 아마도 그럴 겁니다.

C 소크라테스: 그리고 영혼 자체의 것들로 우리가 간주하는 네 번째 것은 지식들과 기술들, 그리고 옳다고 말해지는 의견들이며, 그것들이 즐거움보다 좋음에 더 밀접하므로 [앞에서 언급했던] 그 세 가지 것들 외에 네 번째 것이라네.

프로타르코스: 아마도 그렇겠죠.

소크라테스: 그리고 다섯 번째는 영혼 자체의 순수한 즐거움들이라고 우리가 부르는 것들, 즉 괴로움이 없는 것을 배치하고 분리

하는 즐거움들로서, 그것들은 지식에 수반되거나 감각에 수반되겠지?

프로타르코스: 아마도 그럴 겁니다.

D 소크라테스: "여섯 번째 세대에서 노래의 순서를 멈춰라!"라고 오르페우스는 말했다네. 우리의 논의도 여섯 번째 판단에서 멈춰야 할 것 같네. 그 다음에는 이미 말해졌던 것에 머리를 전해주는 것[이미 말해졌던 것을 다듬는 것]을 제외하고는 우리에게 아무것도 남아 있지 않을 것이네.

프로타르코스: 당연히 그렇게 해야지요.

소크라테스: 자, 그렇다면 수호자를 증인으로 하여 동일한 논의를 세 번째로 불러서 끝까지 진행해보세.

프로타르코스: 어떤 것을 말씀하시는 겁니다.

소크라테스: 필레보스는 즐거움이 우리에게 전반적으로, 그리고 절대적으로 좋다고 했네.

프로타르코스: 소크라테스 선생님, 선생님께서 방금 "세 번째"라고 말씀하실 때, 우리가 논의를 처음부터 다시 반복해야 한다는 것처럼 보입니다.

E 소크라테스: 그렇다네. 다음 이야기를 들어보게. 나는 내가 지금 다루고 있고, 또한 필레보스 뿐만 아니라 다른 많은 사람들도 [현재 우리가 다루고 있는] 논의에 대해 불만족스러워하며, [더 나아가] 지성이 즐거움보다 인간의 삶에 훨씬 더 좋고도 더 강력하다고 말했지.

프로타르코스: 그렇습니다.

소크라테스: 다른 많은 것들이 있다는 것을 의심하면서, 만약 그 두 가지 가운데 어떤 것이 더 좋다는 것이 밝혀진다면, 나는 이등

상을 위해 즐거움에 대항하여 이성의 편에서 싸울 것이고, 따라서 즐거움은 이등상도 빼앗길 것이네.

67 프로타르코스: 그렇게 말씀하셨습니다.

소크라테스: 다음으로 그 두 가지 가운데 어떤 것도 충분하지 않으리라는 것이 대체로 충분해 보인다네.

프로타르코스: 매우 참된 말씀입니다.

소크라테스: 이 논의에서 지성과 즐거움이 독립성, 그리고 자족성과 완전성의 힘을 결핍하므로, 그것들은 모두 각각 좋음 그 자체가 아닌 것으로 배제되었네.

프로타르코스: 매우 옳습니다.

소크라테스: 그 두 가지 가운데 어떤 것보다도 더 강력한 제3의 다른 것이 나타났을 때, 지성이 즐거움보다 더 승자의 성격에 상당히 더 관련되고 또한 더 밀접하다는 사실이 밝혀졌다네.

프로타르코스: 물론입니다.

소크라테스: 지금까지의 논의에서 드러난 판단에 따르면, 즐거움의 힘은 다섯 번째일 것이네.

프로타르코스: 그럴 것 같습니다.

B 소크라테스: 최초는 아니겠지만, 모든 소와 말과 다른 모든 야생 동물들이 기쁨을 추구한다고 말해진다네. 예언자들이 새를 믿듯이, 그것들[소와 말과 다른 모든 야생 동물들]을 믿는 많은 사람들은 즐거움들이 우리가 잘 삶에 있어서 가장 좋은 것들이라고 판단하며, 또한 그들은 야생 동물들의 열망이 철학적 여신[11]에 의해 지속적으로 예견되는 논의들에 대한 열망보다 더 권위 있는 증인들이라고 생각한다네.

프로타르코스: 소크라테스 선생님, 지금 저희 모두는 선생님께서 말씀하셨던 것이 가장 참되다고 단언합니다.

소크라테스: 자네들은 [이제] 나를 풀어주지 않겠나?

프로타르코스: 작은 것이 아직 남아 있습니다, 소크라테스 선생님. 아마도 선생님께서는 저희들보다 먼저 포기하시지는 않으실 테니, 남은 것들을 선생님께 상기시켜 드리겠습니다.

작품 해설

1. 플라톤의 윤리적 견해
2. 대화록의 제목과 집필시기
3. 대화록의 목차
4. 목차별 내용

작품 해설

1. 플라톤의 윤리적 견해

플라톤은 기원전 428/427년경에 태어나 80세 또는 81세의 나이로 348/347년에 세상을 떠났다. 그는 귀족 집안의 유복한 환경에서 태어나 성장했으며, 젊은 시절에는 정치가가 되려는 꿈도 갖고 있었다. 하지만 그가 29세가 되던 기원전 399년에 스승인 소크라테스(기원전 470-399)가 신성을 모독하고 젊은이들을 타락시킨다는 부당한 죄목으로 재판을 받고 죽음을 당하는 것을 목격하고는 거짓과 불의가 난무하는 정치의 세계보다는 순수하게 학문을 연마하고 진리를 추구하는 철학의 세계에 머물기로 결심했다고 한다.

기원전 5세기에서 4세기 무렵에는 '행동의 옳고 그름을 판가름하는 절대적인 윤리적 기준' 같은 것은 없다고 주장하는 소피스트들이 활발하게 활동하고 있었다. 소피스트들은 일련의 지식인 집단으로서, 그들은 진리란 모든 사람들에게 언제 어디서나 공정하게 적용되는 절대적인 것이 아니라 상황에 따라 다르게 적용될 수도 있는 상대적인 것이라고 주장했다. 이와는 반대로, 소크라테스는 절대적인 또는 객관적인 윤리적 기준이 분명히 있다고 믿었으며, 그의 뒤를 따르는 플라톤도 그러한 믿음을 공유했다.

절대적인(또는 객관적인) 윤리적 기준이 있기 때문에, 우리는 그 기준에 비추어 사람들의 행동을 옳거나 그르다고 평가한다. '절대적' 또는 '객관적'은 각각 '상대적' 또는 '주관적'과 상반된 표현으로서, 어떤 경우에도 달라지지 않고 항상 동일하게 적용된다는 의미를 담고 있다. 그렇지만 어떤 기준이 때와 장소와 상황에 따라 달라질 수도 있다면, 옳다고 판단했던 하나의 행동을 다른 사람이나 또는 다른 때 또는 다른 장소와 관련해서는 그르다고 판단할 수도 있음을 함축한다. 어떤 기준이 항상 달라진다면, 우리는 어떤 것에 대해 이것이라거나 또는 저것이라고 판단할 수가 없다는 것이다. 사실상 하나의 기준이 항상 달라진다는 말은 결국 기준이 없다는 말과 동일한 의미이다. 하지만 "도둑질은 나쁘다."와 같이 옳고 그름을 판가름하는 절대적인 기준이 있다면, 언제 어디에서 누가 도둑질을 하든 그런 행동은 나쁜 행동으로 판단하게 된다. 어떤 사람들이 도둑질을 하면 나쁜 행동이지만, 다른 어떤 사람들이 도둑질을 하는 것은 좋은 행동이라고 말할 수는 없다는 것이다.

플라톤이 이해했던 것과 마찬가지로, 우리가 살아가는 현실세계는 물질로 이루어진 세계이며, 이러한 물질세계의 기본적인 속성은 변화 또는 운동이다. 즉, 물질세계에 존재하는 모든 것들은 항상 변화하면서 시시각각 그 모습이 달라진다는 것이다. 하지만 윤리적 기준은 변화하거나 달라져서는 안 되는 절대적인 기준이어야 하는데, 항상 변화하고 있는 우리의 세계에서는 이러한 절대적인 기준을 찾을 수 없다. 하지만 우리는 분명히 일상에서 어떤 행동에 대해 옳다거나 그르다고 판단한다. 이렇게 판단한다는 것은 그처럼 판단하는 불변의 기준이 있다는 것이다. 하지만 이 현실세계 또는 물질세계에서는 불변하는 것을 찾을 수 없으므로, 그러한 불변의 기준은 다른 세상에서 찾아져야 한다는 결론이 나온다.

다시 말해서, 절대적인 윤리적 기준이 있다는 것은 분명하지만, 그것이 변화하는 이 물질세계에 존재하지 않는다면, 그것은 다른 세계에 있음에 분명하다고 플라톤은 생각한다. 따라서 그는 모든 사물들이 끊임없이 변화하고 있는 '현실세계'가 아니라 모든 것들이 결코 변화하지 않고 동일한 모습으로 존재하는 '이상세계'를 상정한다. 플라톤에 따르면, 이상세계에는 형상들 또는 관념들이 존재하고 있는데, 형상들과 관념들은 물질로 이루어진 것들이 아니므로 아무런 변화가 없이 항상 동일한 모습으로 존재한다는 것이다. 이러한 세계를 플라톤은 형상세계 또는 관념세계라고도 부른다. 이 두 가지 세계를 정리해보면 다음과 같다.

(a) 현실세계=물질세계=변화하는 세계=감각으로 파악되는 세계(감각세계)

(b) 이상세계=비물질세계=변화하지 않는 세계=지성으로 파악되는 세계(지성세계)=형상세계=관념세계

이와 같이 플라톤은 항상 변화하는 세계와 전혀 변화하지 않는 세계를 구분함으로써, 변화하는 세계 속에서 살아가는 사람들의 행동을 윤리적으로 평가할 수 있는 불변의 기준을 설정한다. 이미 말했듯이, 그러한 불변의 절대적 기준이 없다면, 도둑질과 같은 하나의 동일한 행동이 어떤 경우에는 올바른 행동이라고 말해지고 또한 다른 경우에는 그릇된 행동이라고 말해질 수도 있다. 하지만 그러한 절대적인 기준이 있기 때문에, 다른 사람의 생명을 구하는 일은 '항상' 올바르다고 평가되는 것이고, 또한 도둑질은 '항상' 나쁜 일이라고 평가되는 것이다.

이처럼 아무런 변함없이 영원히 존재하는 사물들이 존재하는 이상세계에 토대를 둔 절대적인 기준을 설정함으로써, 플라톤은 세상 사람들에게 이러저러한 방식으로 살아가야 한다는 삶의 방향을 제시해주고, 또한 그렇게 살아가야만 하는 이유를 설명해줄 수 있었다. 이 글에서 우리는 플라톤의 윤리학적 측면만을 간략하게 살펴보았다. 하지만 그는 결코 변하지 않는 지식의 대상(즉, 진리)이 있음을 입증하여 지식의 가능성을 보여줬고, 바람직한 정치체제를 제시하여 정치가가 나가야 할

길도 보여줬다.

사실상 플라톤의 저술들은 철학뿐만 아니라 문학, 예술, 정치학, 사회학, 윤리학, 천문학 등의 다양한 학문 분야에 걸친 다양한 이론들을 제시해주고 있다. 이와 관련하여, 『과정과 실재(Process and Reality)』라는 자신의 저서에서, 영국 철학자 화이트헤드(A. N. Whitehead, 1861~1947)는 플라톤 이후의 서양철학이란 단지 "플라톤의 글에 덧붙인 일련의 각주들"에 불과하다고 규정한다.[12] 이것은 현대에 이르기까지 우리가 다루어온 많은 서양철학의 문제들이 이미 2,400여 년 전에 제기되었던 문제들과 근본적으로 다르지 않다는 말이다. 오늘날에는 철학적 문제들이 과거보다 훨씬 더 복잡하고도 자세한 방식으로 검토되고 있지만, 그 문제들 자체가 과거와 전혀 다른 것은 아니라는 것이다.[13]

2. 대화록의 제목과 집필시기

이 대화록은 일반적으로는 『필레보스』라는 제목으로 알려져 있고, 드물게는 『즐거움에 관하여』라는 부제로도 알려져 있다. 하지만 『필레보스』만을 제목으로 채택한 다른 많은 영어 번역서들과는 달리 여기에서는 『필레보스(또는 즐거움에 관하여)』를 이 대화록의 제목으로 사용하는데, 그 이유는 다음과 같다. 원래 '필레보스'는 이 대화록에 등장하는 사람의 이름인데, 일반적으로 플라톤의 대화록들 가운데 사람 이름이 제목으로 사용되는 경우는 대체로 그 사람이 소크라테스의 주된 대화 상대인 경우이다. 하지만 이 책에서 필레보스가 주된 대화 상대가 아님에도 불구하고 제목으로 사용되고 있는 것은 다소 어색해 보인다.

다른 한편으로는, 이 대화록의 중심 주제가 "즐거움을 추구하는 삶과 지혜를 추구하는 삶 가운데, 인간에게 가장 좋은 삶은 무엇인가?"에 대한 것임을 고려할 때, 『필레보스』라는 제목보다는 『즐거움에 관하여』라는 제목이 좀 더 적절해 보인다. 하지만 '즐거운 삶'은 이 대화록에서 플라톤이 논의하는 여러 가지 삶들 가운데 하나에 불과하기 때문에, 『즐거움에 관하여』라는 부제도 그다지 만족스럽지 않다. 이처럼 『필레보스』와 『즐거움에 관하여』는 모두 이 대화록의 제목으로 적절하다고 보기 어렵다. 하지만 무엇보다도 전통적으로 알려져 있는 제목을 완전히 배제할 수 없고, 또한 부제가 이곳에서 다루어지는 주제의 일부나마 보여주고 있다는 점을 고려하여, 여기에서는 『필레보스』라는 제목에 『즐거움에 관하여』라는 부제를 덧붙여서 『필레보스(또는 즐거움에 관하여)』라고 표기하는 방식을 따른다.

방금 언급된 내용과 관련하여, 우리는 최소한 두 가지의 궁금증을 갖게 된다. 첫 번째 궁금증은 "필레보스라는 이름이 이 대화록의 제목으로 사용되는 이유는 무엇인가?"에 대한 것이다. 일반적으로 플라톤의 대화록들 가운데 사람 이름이 제목으로 사용되는 것은 대체로 그 사람이 소크라테스의 주된 대화 상대인 경우이다. 그런데 이 책에서 필레보스는 주된 대화 상대가 아님에도 불구하고 『프로타르코스』가 아닌 『필레보스』라는 이름을 제목으로 사용한다는 것은 상당히 특이한 점이다. 실제로 이 대화록에서 소크라테스의 발언은 모두 566회이고, 프로타르코스의 발언은 559회인 반면에, 필레보스의 발언은 단지 15회에 불과하다.

그럼에도 불구하고 『필레보스』라는 이름을 제목으로 사용하는 이유는 아마도 필레보스의 견해나 입장이 이 대화록의 논의 끝부분까지 소크라테스에 의해 종종 언급되고 있기 때문일 수도 있다. 다시 말해서, 필레보스가 소크라테스와 프로타르코스의 대화에 직접 참여하지는 않지만, 소크라테스를 통해 필레보스의 견해가 지속적으로 언급됨으로써 그의 영향력이 이 대화록 전반에 걸쳐 전해지고 있기 때문이라는 것이다. 하지만 이것은 단지 추측에 불과할 뿐, 이 대화록의 제목을 『필레보스』

로 정하게 된 정확한 이유는 여전히 분명하지 않다.

두 번째 궁금증은 "필레보스가 소크라테스와 직접 논의를 지속하지 않고 프로타르코스에게 자리를 양보한 이유가 무엇인가?" 하는 문제이다. 여기에서 제목으로 사용된 이름을 가진 '필레보스'라는 청년은 이 대화록에서 몇 번의 발언을 하고 있지만, 소크라테스의 주된 대화 상대는 그가 아니라 '프로타르코스'라는 청년이다. 이전에는 소크라테스가 필레보스와 대화를 나누었지만, 이 대화록을 시작하면서 필레보스는 프로타르코스에게 자리를 양보하여 소크라테스와 대화를 나누도록 하는 장면이 이 대화록의 시작부분에 언급된다. 이렇게 자리를 양보했음에도, 필레보스는 그들의 대화에 간혹 끼어들면서 자신의 견해를 제시하기도 한다.

사실상 대화를 중단하고 떠나야 할 정도로 긴급한 다른 볼 일이 있는 것도 아니면서, 논의를 하던 중에 다른 사람에게 논의를 미루고 자신은 청중의 역할을 맡는 이유가 무엇인지 이해하기 어렵다. 어쩌면 필레보스가 이 대화록에서 다루어지고 있는 특정한 주제에 대해 별다른 지식이나 견해가 없었기 때문이라고 추측해볼 수도 있지만, 아래와 같은 몇 가지 이유에서 이것은 그다지 설득력 있는 설명은 아닌 것 같다. 첫째, 소크라테스와 프로타르코스의 대화가 진행되는 동안에 필레보스 자신이 그들의 대화에 끼어들어 발언하는 것은 물론이고 의견을 제시하기 때문이다. 둘째, 소크라테스가 필레보스의 견해나 입장을 종종 언급하는 것을 고려할 때, 필레보스 자신이 이 대화록의 주제에 대해 무지하다고 보기는 어렵기 때문이다. 더구나, 셋째, 소크라테스의 대화 방법은 필요한 모든 내용을 소크라테스 자신이 제시하면서, 대화 상대는 "예!" 또는 "아니오!" 정도의 대답만을 하면 되는 형식으로 진행되기 때문에, 필레보스가 대화 주제에 대해 많은 지식을 갖고 있어야 하는 것도 아니기 때문이다. 유감스럽게도, 이런 궁금증들을 해소시켜줄만한 이야기는 플라톤의 다른 어떤 대화록들에서도 찾아볼 수 없다.

플라톤은 저술 형태의 글을 남긴 최초의 철학자로서,[14] 그의 저술이 아닐 수도 있다고 의심되는 위서(僞書)들을 포함하여 대략 30여 편의 글이 남아있다. 그의 저술들 가운데 우리에게 가장 많이 알려져 있는 것은 아마도 『국가』, 『(소크라테스의) 변명』, 『향연』 등일 것이다. 그의 저술들은 대체로 소크라테스가 주인공으로 등장하여 다른 사람들과 대화를 나누는 '대화록'의 형태로 이루어져 있다. 이 대화록 『필레보스(또는 즐거움에 관하여)』에서도 소크라테스가 젊은 청년들과 대화를 나누는 형식으로 이야기가 전개된다.

학자들은 플라톤이 집필한 대화록들의 집필 시기를 대체로 세 시기로 구분하는데, 그것은 (a) 플라톤이 스승 소크라테스의 사상적 영향을 받고 있는 시기, (b) 플라톤의 견해가 독자적인 사상으로 정립될 만큼 충분히 성숙하지 못한 시기, 그리고 (c) 플라톤의 견해가 독자적인 사상으로 성숙해진 시기이다. 이미 언급했듯이, 첫 번째 시기의 대화록에서도 주인공은 소크라테스이고, 두 번째나 세 번째 시기의 대화록에서도 주인공은 소크라테스이다. 하지만 여기에는 중요한 차이점이 있다고 말해진다. 그것은 다름이 아니라 첫 번째 시기의 대화록에서는 플라톤이 소크라테스의 입을 빌어 소크라테스의 이론과 사상을 제시하고 있다는 것이고, 두 번째와 세 번째 시기의 대화록에서는 플라톤이 소크라테스의 입을 빌어 플라톤 자신의 이론과 사상을 제시하고 있다는 것이다.

첫 번째 시기는 플라톤이 소크라테스의 영향 하에서 자기 자신의 사상을 전혀 정립하지 못했던 시기를 말한다. 그렇기 때문에 첫 번째 시기에 플라톤은 자신이 대화록의 집필자이면서도 자기의 독창적인 견해를 제시하기보다는 스승인 소크라테스의 견해를 그대로 전해주는 대필자의 역할을 하고 있다는 것이다. 소크라테스가 직접 저술을 집필한 적이 있는지는 알 수 없지만, 어쨌든 그의 저술로 알려진 것은 현재 전해지지 않고 있다. 그럼에도 불구하고 그의 이론은 우리에게 생생하게 전해지고 있는데, 그것은 후대의 학자들이 플라톤이 집필한 첫 번째 시기의 대화록들을 토대로 해서 소크라테스의 사상을 체계적으로 정리해왔기 때문이다. 다시 말해서, 우리가 알고 있는 소크라테스의 이론과 사상은 대체로 플라톤이 집필한 첫 번째 시기의 대화록들에서 나온 것이다.

플라톤의 대화록들의 시기는 대체로 다음과 같이 분류되는데, 학자들에 따라 대화록들의 집필 시기를 달리 보는 경우도 있다. 먼저 헤어(R. M. Hare)의 분류를 보면 다음과 같다.[15]

(a) 첫 번째 시기: 『변명』, 『크리톤』, 『에우티프론』, 『라케스』, 『리시스』, 『카르미데스』 등
(b) 두 번째 시기: 『국가』 I권을 제외한 대부분, 『프로타고라스』, 『메논』, 『고르기아스』, 『파이돈』, 『향연』, 『파이드로스』, 『크라튈로스』 등
(c) 세 번째 시기: 『국가』 I권, 『필레보스』, 『테아이테토스』, 『정치가』, 『티마이오스』, 『법률』 등

이와 달리, 그루브(Grube)는 헤어가 두 번째 시기에 속한다고 보았던 『고르기아스』, 『파이돈』, 『향연』, 『크라튈로스』 등을 첫 번째 시기에 속한다고 본다.[16]

(a) 첫 번째 시기: 『변명』, 『크리톤』, 『에우티프론』, 『고르기아스』, 『파이돈』, 『향연』, 『프로타고라스』, 『크라튈로스』 등
(b) 두 번째 시기: 『국가』, 『파이드로스』, 『파르메니데스』, 『테아이테토스』 등
(c) 세 번째 시기: 『필레보스』, 『정치가』, 『티마이오스』, 『크리티아스』, 『법률』 등

이처럼 집필 시기에 대한 의견이 다른 경우가 있지만, 『필레보스(또는 즐거움에 관하여)』가 세 번째 시기에 속한다는 점에 대해서는 대부분의 학자들이 동의하고 있다.

3. 대화록의 목차

〈일러두기〉에서 이미 언급했듯이, 플라톤의 저술들은 스테파누스(Henricus Stephanus)라는 학자가 1578년에 3권의 전집으로 편찬하였는데, 이때 그는 플라톤의 글을 임의적으로 나누고 쪽 번호를 붙였으며, 또한 각 쪽을 다섯 문단으로 다시 나누었다. 그 이후로 학자들은 플라톤의 글을 고대 그리스어로 읽거나 다른 언어로 읽거나 관계없이 스테파누스의 쪽 번호와 문단을 그대로 사용하고 있다. 예를 들어, 11a는 스테파누스의 전집 11쪽의 첫 번째 문단을 의미한다. 그리고 〈11a-12b〉는 스테파누스의 쪽 번호에 따르면 〈11쪽 첫 번째 문단에서 12쪽 두 번째 문단까지〉를 의미한다. 그의 쪽 번호를 사용하는 이유는 플라톤의 원전을 수시로 참고해야 하기 때문이다. 다시 말해서, 동일한 내용을 담고 있는 책들이라 할지라도 책의 판형이나 활자 크기에 따라 서로 쪽 번호가 달라질 수 있지만, 그 책들에 모두 스테파누스의 쪽 번호를 기재해놓게 된다면, 어떤 판본의 책을 읽든지 관계없이 동일한 내용을 쉽게 찾아낼 수 있다. 이러한 스테파누스의 쪽 번호에 의하면, 『필레보스(또는 즐거움에 관하여)』는 11a에서 67b까지이다.

이제 목차에 대해 살펴보자. 원래 플라톤의 대화록에는 목차가 없지만, 번역자들이 종종 논의 주제를 분석하여 목차를 만들기도 한다. 하지만 목차가 대화록의 내용을 파악하는데 많은 도움이 된다는 것은 분명하다. 학자들에 따라 논의 주제를 파악하거나 내용을 다르게 나누기 때문에 서로 다른 목차가 나올 수도 있다. 예를 들어, 테일러(A. E. Taylor)와 프레데(D. Frede)는 논의 주제를 분석하여 다음과 같은 목차를 제시한다.

(a) 테일러의 목차[17]

1. 질문제기 (11a-20c)
2. 문제의 예비적 한계 설정: 즐거움이나 사고가 단독으로 인간에게 좋은 것은 아니다 (20c-22c)
3. 즐거움과 인간에게 좋은 것에 대한 사고의 상대적 중요성과 장소 (23c-66d)
   - 3.1 각각의 공식적 성격 (23c-30e)
   - 3.2 즐거움과 괴로움의 심리학 (31a-53c)
   - 3.3 즐거움의 형이상학-그것이 목표일 수 있는가? (53c-55c)
   - 3.4 지성적 가치들 (55c-59d)
   - 3.5 좋은 삶의 공식적 구조 (59e-66d)
4. 논의의 공식적 종결 (66d-67b)

(b) 프레데의 목차[18]

1. 개괄적인 도전: 즐거움 대 지식 (11a-14b)
2. 대화록의 '변증론적' 부분: 분류와 구분의 문제들 (14b-31b)
   - 2.1 '하나와 여럿'의 문제와 변증론의 방법 (14b-20a)
   - 2.2 소크라테스의 꿈: 절충적 해법 (20b-23b)
   - 2.3 모든 존재자들의 네 가지 구분 (23b-27c)
   - 2.4 즐거움과 지식의 분류 (27c-31b)
3. 탐구의 '비판적' 부분: 즐거움과 지식에 대한 비판 (31b-59b)
   - 3.1 즐거움과 괴로움의 성격 (31b-36c)

3.2 '거짓된 즐거움들'에 대한 질문 (36c-50e)

3.3 참된 즐거움들 (50e-55b)

3.4 지식에 대한 비판: 그것의 순수하고 순수하지 못한 형상들 (55c-59b)

4. 논의의 '종합적' 부분: 좋은 삶을 함께 혼합하기 (59b-64b)

5. 논의의 해법: 모든 좋음들의 최종 순위 (64c-끝)

테일러의 분석은 간략한 반면에, 프레데의 분석은 좀 더 상세한 편이다. 내용을 분석하고 분류하는 것은 당연히 저술의 내용을 이해하기 위한 것이며, 그런 점에서 보자면 내용을 비교적 세밀하게 분류하고 있는 프레데의 분석이 좀 더 도움이 될 것으로 보인다. 하지만 이 번역서에서 역자는 『필레보스(또는 즐거움에 관하여)』의 내용에 대한 분석을 통해 다음과 같은 목차를 제시해본다.

(c) 이 책의 목차

Ⅰ. 즐거움과 지혜의 성격 (11A-31A)

Ⅰ.1 즐거움과 지혜 (11A-12B)

Ⅰ.2 모든 즐거움들이 좋은가 (12C-14B)

Ⅰ.3 하나와 여럿의 문제 (14C-18D)

Ⅰ.4 즐거움과 지혜가 혼합된 삶 (18E-22C)

Ⅰ.5 우주 내에 존재하는 4가지 존재자들 (22D-31A)

Ⅱ. 즐거움과 지식의 분류 (31B-59D)

Ⅱ.1 즐거움과 괴로움의 생성 (31B-36B)

Ⅱ.2 거짓된 즐거움들 (36C-51A)

Ⅱ.3 참된 즐거움 (51B-53C)

Ⅱ.4 지식의 분류 (55C-59D)

Ⅲ. '좋은 삶'과 '좋은 것들의 순위' (59D-67B)

Ⅲ.1 좋은 삶 (59D-65D)

Ⅲ.2 좋은 것들의 순위 (59E-67B)

이 책에서 역자가 제시한 목차는 부분적으로 햄프튼(Hampton, 1990)의 저서 본문에 나타나는 소제목들을 참고했으며, 역자가 이 대화록을 읽고 이해한 내용을 토대로 해서 논의 주제를 나누어 제목을 붙인 것이다. 달리 말하자면, 독자가 대화록의 내용을 읽고 이해하는 방식에 따라 목차는 달라질 수도 있다는 것이다. 아래 〈목차별 내용〉은 목차에 따른 내용을 요약하고 정리한 것이다. 이러한 목차에 동의하지 않는 독자들이라면, 자신들이 이해한 바에 따라 목차를 만들고 그에 따른 내용을 요약해보는 것도 이 대화록을 즐겁게 읽는 한 가지 방법일 것이다.

4. 목차별 내용

먼저 등장인물들에 대해 살펴보자. 이 대화록에는 소크라테스, 필레보스, 그리고 프로타르코스가 대화자들로 등장한다. 이 대화록은 플라톤의 독창적인 견해가 드러나는 후기 작품으로서, 여기에 등장하는 소크라테스는 역사 속에 나타나는 인물이라기보다는 플라톤의 견해를 대변하는 대변자의 역할을 하고 있다. 한편, 필레보스와 프로타르코스가 정확히 어떤 배경을 지닌 인물들인지에 대해서는 자세히 알기 어렵다. 필레보스는 이 대화록에서 몇 차례 발언을 하지만 논의에 적극적으로 참여하지 않는다. 그의 이름은 사랑을 의미하는 '필로스'와 젊음을 의미하는 '헤베'의 조합어로서, '필레보스'는 '젊음을 사랑하는 사람'을 말한다.[19] 그리고 프로타르코스는 소크라테스의 주된 상대자인데, 이 대화록에서 소크라테스는 그를 칼리아스의 아들이라고 부른다(19b). 어떤 학자들은 이 칼리아스가 플라톤의 다른 대화록인 『(소크라테스의) 변명』 20a에서 갑부라고 말해지는 칼리아스와 동일한 사람이라고 보는 경우도 있지만,[20] 당시에 칼리아스라는 이름은 아주 흔한 이름이었기 때문에 그렇게 단정하기도 어렵다.[21]

Ⅰ. 즐거움과 지혜의 성격

Ⅰ.1 즐거움과 지혜 (11A-12B)

대화록의 첫 부분은 소크라테스의 대화 상대를 바꾸는 장면에서 시작된다. 이전까지는 소크라테스의 대화 상대가 필레보스였지만, 우리가 알지 못하는 어떤 이유로 인해 필레보스가 물러나고 그 대신 프로타르코스가 대화에 참여한다. 소크라테스는 프로타르코스에게 이전에 필레보스와 논의했던 내용을 간략하게 정리해준다. 그가 필레보스와 논의했던 주제는 "인간을 비롯한 모든 동물들에게 가장 좋은 것이 무엇인가?"에 대한 것이었는데, 이에 대해 필레보스는 "즐거움[22]과 기쁨과 유쾌함, 그리고 그런 종류의 것들"이라고 주장하는 반면에, 소크라테스는 "지혜와 사고와 기억, 그리고 그런 종류의 것들인 올바른 견해와 참된 추론"이라고 주장했다는 것이다(11A-C).

Ⅰ.2 모든 즐거움들이 좋은가 (12C-14B)

소크라테스가 프로타르코스와 본격적인 대화를 시작하자마자 한 가지 논란거리가 제기된다. 그것은 세상에는 아주 많은 종류의 즐거움들이 있는데, 그 모든 즐거움들이 모두 똑같이 좋은 것인가 하는 문제이다. 소크라테스는 지혜로운 사람의 즐거움과 어리석은 사람의 즐거움이 동일하지 않다고 말하고, 이에 대해, 프로타고라스는 모든 즐거움들이 똑같이 좋다고 말한다. 소크라테스는 모든 색깔들이 색깔들이라는 점에서는 동일할지 모르지만, 흰색과 검정색이 다르듯이 분명한 차이점이 있다고 주장한다.

Ⅰ.3 하나와 여럿의 문제 (14C-18D)

'하나와 여럿의 문제'는 철학에서 주로 '일과 다의 문제(the problem of the One & the Many)'라고 불린다. 예를 들어, 우리는 사람들이나 그림들 또는 다른 많은 것들을 보고는 아름답다고 말한다. 그렇다면 그들이 공유한 아름다움은 모두 동일한가 또는 서로 다른가? 다시 말해서, 그 사람들이나 그림들이 하나의 동일한 아름다움을 소유하는 것인가, 아니면 이 하나의 아름다움이 분리된 수없이 많고 다양한 아름다움들을 각각 소유하는 것인가(15B-C 참조)? 소크라테스가 이런 문제를 제기하는 것은 모든 즐거움들의 성격이 동일하다는 프로타르코스의 주장을 반박하기 위한 것이다. 즉, 즐거움들은 어떤 것이든 모두 좋다는 프로타르코스의 주장은 적절하지 않으며, 좋은 즐거움들도 있는 한편, 나쁜 즐거움들도 있다는 것을 보이기 위한 것이다.

Ⅰ.4 즐거움과 지혜가 혼합된 삶 (18E-22C)

프로타르코스는 소크라테스가 "여러 가지 종류의 즐거움들이 있는지 또는 아닌지, 그리고 얼마나 많은 종류들이 있고 또한 어떤 성질을 갖고 있는지에 대해 질문"하는 것으로 이해한다(19B). 그는 그런 질문이 필레보스가 주장했던 즐거움에만 적용되는 것이 아니라, 소크라테스가 주장했던 지혜에 대해서도 동일하게 적용되며, 따라서 자신이 현재 처한 입장이 편하지 않은 만큼 소크라테스의 입장도 그다지 자유롭거나 편하지 않다는 점을 강조한다. 또한 프로타르코스는 소크라테스의 주장이 자신들을 헷갈리거나 곤란하게 만들기 위한 것이 아니고, 진정으로 문제를 해결하기 위한 것이어야 한다고 말함으로써, 소크라테스의 질문에 쉽게 답변할 수 없는 자신의 곤혹스러운 처지를 드러낸다. 이에 대해 소크라테스는 자신이 꿈을 꾸거나 또는 생시에 어떤 신에게서 들었던 이야기를 언급하면서, 자신은 결코 프로타르코스를 괴롭히려는 의도가 없으며, 사실상 사람에게 가장 좋은 것은 즐거움도 아니고 지혜도 아니며, 그것들보다 훨씬 더 좋은 제3의 어떤 것이 있다고 말한다(20B-C)

그들은 즐거움이나 지혜에는 좋은 것들도 있고 나쁜 것들도 있는가에 대해 논의하고 있지만, 그럼에도 불구하고 '좋음' 그 자체만은 가장 만족스럽고도 완전한 것이라는 점에 동의한다(20D). 즉, 어떤 것이 좋다면, 그것은 그저 좋은 것이며, 불만족스럽거나 불완전할 수 없다는 것이다. 프로타르코스는 즐거움에 좋은 것들도 있고 나쁜 것들도 있다는 소크라테스의 주장에 아직 설득되지 않는다. 따라서 소크라테스는 그를 설득하기 위한 논의를 지속한다.

즐거움이 가장 좋은 것이고, 또한 그것을 완전하게 소유하고 있다면, 다른 것은 필요로 하지 않으리라고 말하는 프로타르코스에게, 소크라테스는 기억의 중요성을 강조한다(20E-21B). 즐거웠던 일에 대한 기억을 갖지 못한다면, 즐거움을 가질 수 없을 것이며, 또한 지성적인 능력이 없이는 즐거움을 향유한다는 사실조차 자각을 못하리라는 것이다(21C-D). 결국 프로타르코스는 즐거움만으로는 바람직한 삶을 살 수 없다는 소크라테스의 주장에 백기를 들며(22B), 그들은 즐거움과 지성이 혼합된 삶이 즐거움만의 삶이나 지성만의 삶보다 더 낫다는 점에 동의한다(22C).

I.5 우주 내에 존재하는 4가지 존재자들 (22D-31A)

즐거움과 지성이 혼합된 삶이 인간에게 가장 좋은 삶이라는 데 대한 동의를 끌어낸 뒤에, 소크라테스는 즐거움과 지성 가운데 어떤 것이 그 혼합된 삶으로 하여금 일등상을 받는 가장 바람직한 삶으로 만들었는가에 대해 논의한다(22D-23B). 이것이 밝혀진다면, 혼합된 삶 다음으로 이등상을 받을 수 있는 것이 무엇인가를 알 수 있기 때문이다. 하지만 이에 대한 논의는 잠시 뒤로 미루어지고, 그들은 세상에 존재하는 4가지 종류의 존재자들에 대해 논의하기 시작한다. 소크라테스가 구분하는 존재자들은 (a) 한정되지 않은 것(무한정자 또는 한계가 없는 것), (b) 한정된 것(한정자 또는 한계가 있는 것), (c) 무한정자와 한정자의 혼합, 그리고 (d) 그 혼합의 원인이다(23C-D). 이것들의 정확한 성격을 파악하기가 결코 쉽지 않지만, 우리가 할 수 있는 만큼 설명을 제공해보려는 노력은 분명히 필요하다.

먼저, (a) 무한정자에 대해 소크라테스는 "더 뜨거움과 더 차가움의 경우에 그것들의 한계를 생각할 수 있는가, 또는 이런 종류에 속하는 더 많음과 더 적음은 그것들이 그것에 속하는 한에 있어서 끝이 있을 수 있는가를" 고려하자고 제안한다(24A-B). 소크라테스가 규정하는 무한정자는 한도 끝도 없다는 의미이지 그 어떤 것에 의해서도 규정되지 않았다는 의미가 아니다. 그것은 오히려 일종의 규정적인 표현이라고 할 수 있는 '더 많음(more)'이나 '더 적음(less)'을 허용한다는 의미를 담고 있다. 무한정자의 '무한정'은 정해진 정도나 정해진 양을 갖지 않았다는 의미이다. 반대로, (b) 한정자는 그와 같이 정해진 정도나 정해진 양을 갖는 것을 가리킨다. 더 나아가 그것은 무한정자에 정해진 정도나 정해진 양을 부여하는 것을 의미하기도 한다. (c) 무한정자와 한정자의 혼합은 무한정자에 한계가 부여되었음을 말하는데, 소크라테스는 이러한 혼합이 조화롭게 이루어질 때 "계절들과 우리 세계의 아름다움"이 생겨난다고 말한다(26A-C 참조). (d) 혼합의 원인은 어떤 것들을 생성하는 생산자 또는 제작자 또는 원인자를 의미한다. 원인이 없이 생성되는 것은 없으므로, 생성된 모든 사물들은 그것의 원인을 갖는다는 것이다.

세상에 존재하는 모든 존재자들을 4가지 종류로 구분한 뒤에, 소크라테스는 즐거움과 지혜의 문제로 돌아가 그것들 가운데 어떤 것이 이등상에 해당되는가를 다시 논의하기 시작한다(27C). 그는 '즐거움과 지혜의 혼합'을 '무한정자와 한정자의 혼합'인 (c)의 일부로 보는 한편(27D), 갑자기 필레보스에게 즐거움이 더 많음과 더 적음을 허용하는 무한정자, 즉 (a) 로 볼 수 있는가를 질문한다(27E). 필레보스는 그렇게 봐야 한다고 답변하고는 논의를 다시 프로타르코스에게 넘겨준다. 그런 뒤에, 소크라테스는 프로타르코스로 하여금 지성과 지혜가 우주를 조종하는 역할을 한다는 주장을 받아들이게 한다(30A-B). 결국 지성과 지혜는 원인인 (d)로 이해되는데, 그것들은 "우리에게 영혼을 제공하고, 휘청거리는 [병든] 몸에는 신체 훈련과 의술을, 그리고 다른 경우들에는 정돈과 치료를 제공"한다고 말해진다.

여기에서 소크라테스는 즐거움이 아니라 지성이 좋은 삶의 원인이라고 말하고 싶어 한다. 즐거운 삶이 반드시 좋은 삶은 아니며, 지성이 개입된 삶이 좋은 삶이다. 하지만 지성적인 삶 또는 지혜로운 삶 그 자체가 가장 좋은 삶은 아니다. 가장 좋은 삶은 지성과 즐거움이 혼합된 삶이라는 것이다. 소크라테스는 지성이 동물의 삶을 조정하는 원인일 뿐만 아니라 우주의 질서를 조정하고 유지하는 원인이라고도 말하고 있다(특히, 30C 참조).

Ⅱ. 즐거움과 지식의 분류 (31B-59D)

Ⅱ.1 즐거움과 괴로움의 생성 (31B-36B)

소크라테스는 즐거움과 괴로움이 모두 무한정자와 한정자의 혼합인 (c)에서 나오는데(31C), 그 혼합의 "조화로움이 깨질 때, 우리들의 본성을 잃게 되는 동시에 괴로움이 생성"되며, 그것이 "다시 조화로워지고 그것의 본성으로 돌아가게 된다면, 즐거움이 생성된다"고 말한다(31D). 그는 동물들이 즐겁지도 않고 괴롭지도 않은 제3의 상태에 있을 수도 있다고 말한다. 그러나 이러한 제3의 상태가 정확히 왜 발생하는지에 대해서는 설명하지 않는다. 대신에 소크라테스는 지성의 삶 또는 지혜의 삶이 그런 상태라고 말한다(33B). 그것은 신적인 삶이라고도 할 수 있는데, 신은 즐겁지도 않고 괴롭지도 않은 상태에 있을 수 있기 때문이다.

소크라테스는 기억(33C-34C)과 욕구(34D-35B)에 대한 논의가 이어진다. 먼저, 욕구와 관련하여 그는 욕구란 없는 대상을 욕구하는 것이 아니라 비어있는 것을 채우려는 것이라고 말한다. 그는 신들과 마찬가지로 사람들도 즐겁지도 않고 괴롭지도 않은 상태에 있을 수 있다고 말한다. 예를 들어, 사람은 비어있는 것을 채우려는 욕구로 인해 괴로움을 가질 수도 있지만, 동시에 현재 상태와 반대되는 상태에 대한 기억을 가짐으로써 즐거움을 느낄 수도 있다. 이런 경우에, 우리는 그 사람이 즐거운 동시에 괴로운 상태 또는 즐겁지도 않고 괴롭지도 않은 상태에 있다고 말할 수 있을 것이다(36B).

Ⅱ.2 거짓된 즐거움 (36C-51A)

두려움이나 기대감이나 의견에는 참된 것도 있고 거짓된 것도 있는 것일까? 소크라테스의 이 질문에 대해 프로타르코스는 의견에는 참된 의견과 거짓된 의견이 있지만, 다른 것에 대해서는 그렇지 않다고 생각한다(36C-D). 한편, 소크라테스는 "즐겁지 않으면서 즐겁다고 생각하거나 또는 괴롭지 않으면서 괴롭다고 생각하는 사람은 아무도 없다"고 말하면서, "과연 의견만이 참되고 거짓될 수 있는 반면에, 다른 것들은 그렇지 않은가"를 검토하기 시작한다. 소크라테스와 프로타르코스는 의견이 옳지 않거나 또는 올바른 의견을 갖지 못하는 경우가 있다는 점에 동의함으로써, 의견이 참되거나 거짓될 수 있음을 인정한다(37E).

한편, 프로타르코스는 즐거워하지 말아야 할 경우에 즐거워하는 경우가 있으나, 이것은 의견과 관련하여, 즉 거짓된 의견과 관련하여 발생하는 것이지 즐거움 자체가 거짓될 수 있음을 보여주는 것은 아니라고 주장한다(37E와 41A). 이를 반박하기 위해서는 "즐거움 자체가 거짓될 수 있다"는 것을 소크라테스가 보여야 한다. 그러나 그것을 반박하는 과정이 그리 쉽지는 않아 보인다. 소크라테스는 과거나 현재 또는 미래와 관련되지 않은 것들에 대해서도 의견을 가질 수 있으며, 이것은 즐거움과 관련해서도 동일하다고 말한다(40A-D). 그리고 그는 "두려움과 분노, 그리고 그런 종류의 모든 것들에 대해서도 동일"한 방식의 설명이 가능하다고 말하는데, 프로타르코스도 이에 기꺼이 동의한다. 즐거움 자체가 거짓일 수는 없다고 주장했던 이전과는 다른 태도를 보이고 있는 것이다. 여기에서 "과거나 현재 또는 미래와 관련되지 않은 것들"이란 그림이나 상상 등을 말하며, 그러한 그림을 보거나 또는 상상을 함으로써 어떤 대상들을 마음속에 그림으로써 즐거워할 수도 있다는 것이다. 그리고 그런 것들은 현실 속에 실제로 존재하는 것들이 아니기 때문에, 그것들에 대해 즐거움을 느끼는 것은 결국 거짓된 즐거움이라 말할 수 있다는 것이다.

Ⅱ.3 참된 즐거움 (51B-53C)

소크라테스는 즐거움을 두 가지로 구분하는데, 하나는 상응하는 괴로움이 없는 즐거움이며, 다른 하나는 상응하는 괴로움이 있는 즐거움이다(51E-52B). 이것은 획득하려고 했던 어떤 것을 갖지 못했을 때 괴로움을 느끼지 않는 즐거움과 그런 것을 갖지 못하더라도 괴로움을 느끼게 만드는 즐거움에 대한 구분으로 보인다. 프로타르코스의 질문은 참된 즐거움들이 무엇인가에 대한 것이었다. 이에 대한 소크라테스의 답변은 어떤 것을 획득하지 못하더라도 괴로움을 느끼지 않는 종류의 즐거움이 바로 참된 즐거움이라는 것이다.

그가 제기하는 한 가지 흥미로운 질문은 "만약 많은 지식을 습득한 후에 그것을 모두 망각하게 된다면, 그것에서 어떤 고통을 보게 되는가?"라는 것이다. 열심히 공부한 뒤에 모두 잊게 되는 경우에 많은 사람들은 자책감이나 허탈감을 느끼게 될 텐데, 그런 감정들을 일종의 괴로움으로 볼 수도 있을 것이다. 소크라테스와 프로타르코스는 여기에서 그 괴로움이 본질적이지는 않다고 본다. 즉, 지식을 망각했다고 해서 반드시 괴로움을 느끼는 것은 아니라는 것이다. 다시 말해서, 단지 그것을 망각했다는 자책감이나 허탈감에 괴로워하는 것일 뿐, 지식의 망각 자체가 괴로움으로 느껴지는 것은 아니라는 것이다. 이것은 그 자체로서 즐거운 경우와 다른 것을 위해 (또는 다른 것으로 인해) 즐거운 경우를 구분하는 것으로 볼 수도 있다.

이와 유사한 방식으로, 소크라테스는 "존재를 위한 생성과 생성을 위한 존재 가운데, 어떤 것이 다른 것을 위한 것"인가라는 질문을 제기한다(54E 이하). 이 질문은 그 두 가지 가운데 어떤 것이 그 자체로서 즐거운 것인가를 묻고 있는 것과 동일하다. 소크라테스는 생성이 존재를 위한 것이라고 말하면서, "즐거움이 생성의 한 종류라면, 그것은 필연적으로 [다른] 어떤 존재를 위해 생성되는 것"이라고 말한다(54B-C). 결과적으로, 존재를 위한 생성은 다른 것을 위한 것인 반면에, 생성을 위한 존재는 그 자체를 위한 것이라고 말할 수 있을 것이다. 참된 즐거움이란 그 자체로서 즐거운 것을 말하는 것이지, 다른 것을 위해 또는 다른 것으로 인해 즐거운 것을 말하는 것이 아니다.

Ⅱ.4 지식의 분류 (55C-59D)

즐거움의 경우에 여러 가지 종류의 즐거움들이 있는가를 살펴봤던 것처럼, 지식의 경우에도 여러 가지 종류의 지식들이 있는가를 살펴봐야 한다. 왜냐하면 소크라테스가 "즐거움을 추구하는 삶이 가장 좋은 삶"이라는 프로타르코스의 주장을 반박하기 위해 반박의 도구로 사용했던 것을 "지성이나 지식 또는 지혜를 추구하는 삶이 가장 좋은 삶"이라는 자신의 주장에도 적용해봄으로써 오히려 자기의 주장을 강화할 수 있기 때문이다(55C). 따라서 그는 "우리는 하나의 즐거움이 다른 즐거움보다 [더 순수한] 것과 마찬가지로, 하나의 지식보다 더 순수한 다른 지식이 있는가에 대해 고찰"하겠다는 계획을 제시한다(57B).

그는 자신의 계획을 다시 한 번 정리하여 다음과 같이 제시한다. "내가 여태껏 탐구했던 것은 어떤 기술이나 어떤 지식이 다른 모든 우리에게 가장 크고 가장 좋고 또한 가장 유용하다는 점에서 다른 모든 것들보다 우월하냐는 것이 아니었다네. 내가 지금 탐구하는 것은 어떤 것[기술]이 명료성과 정확성과 진리성을 (그런 것들이 적고 또한 이득마저 적을지라도) 살피는가 하는 것일세"(58B-C). 소크라테스가 탐구하는 순수한 지식이란 실생활에 유용한 지식이 아니라 '명료성'과 '정확성'과 '진리성'을 갖춘 지식, 즉 진리 탐구에 유용한 지식을 말한다. 하지만 그가 정확히 어떤 지식을 염두에 두고 있는지는 분명하지 않다.[23]

Ⅲ. '좋은 삶'과 '좋은 것들의 순위' (59D-67B)

Ⅲ.1 좋은 삶 (59D-65D)

소크라테스는 자신들의 논의를 정리하는데, 필레보스는 좋음과 즐거움을 동일시한 반면에, 자신은 그것들을 서로 다르다고 구분했던 점을 지적한다(60C-D). 이미 보았듯이, 필레보스는 모든 즐거움들이 좋다고 말했던 반면에, 소크라테스는 좋은 즐거움들은 물론이고 나쁜 즐거움들도 있다고 주장하고 있다. 소크라테스 자신의 말에 의하면, 그는 이 대화록을 시작하기 전에는 지혜를 추구하는 삶이 가장 좋은 삶이라고 했지만, 이 대화록에서는 즐거움과 지혜가 혼합된 삶을 가장 좋은 삶으로 보고 있다. 이 부분에서도, 소크라테스는 혼합된 삶의 우수성에 대해 여러 차례 강조하고 있다. 무엇보다도 즐거움이 좋음과 동일시될 수 없다는 프로타르코스에 대한 소크라테스의 반론은 성공적이었으며, 마침내 프로타르코스는 "지성은 진리와 동일하거나 또는 모든 것들 가운데서 그것과 가장 비슷하고 또한 가장 참된 것입니다"(65D)라는 결론을 내림으로써, 논의 초기와는 달리 이제 그는 소크라테스가 그런 것만큼이나 삶에 있어서 지성의 중요성을 자각하고 있다.

Ⅲ.2 좋은 것들의 순위 (65E-67B)

삶에 있어서 가장 좋은 것은 즐거움과 지성 또는 지식 또는 지혜의 혼합이므로, 이제 그 다음 차례에 오는 것을 탐구할 차례이다. 소크라테스는 균형, 아름다움, 완성 등을 두 번째 위치에 배치하고, 그 다음으로 지성과 지혜를 세 번째 위치에 배치한다. "네 번째 것은 지식들과 기술들, 그리고 옳다고 말해지는 의견들"인데, 그것들은 "즐거움보다 좋음에 더 밀접"하다고 소크라테스는 말한다(66B-C). 다음으로 다섯 번째 것들은 "영혼 자체의 순수한 즐거움들이라고 우리가 부르는 것들"로서, "지식에 수반되거나 감각에 수반"되는 것들을 말한다(66C). 그런데 소크라테스는 즐거움이 다섯 번째 것들에 속한다고 말하는데, 그것은 바로 "영혼 자체의 순수한 즐거움"을 가리키는 것이다. 초기의 질문을 다시 살펴보면, 삶에 있어서 좋은 것들 가운데, 즐거움과 지성의 혼합이 첫 번째, 지성이 세 번째, 그리고 즐거움은 다섯 번째 자리를 차지한다.

지금까지 소크라테스, 필레보스, 그리고 프로타르코스는 즐거움과 지성 가운데 삶에 있어서 좋은 것이 무엇인가에 대한 논의를 진행했다. 플라톤의 이 대화록은 결코 이해하기 쉬운 저술이 아니며, 그 내용을 이해하기 위해서는 그의 다른 저술들에 대한 배경지식이 필요하다는 이야기를 앞에서 했다. 하지만 위의 해설 부분을 참고해서 대화록을 읽으면, 어느 정도 도움이 될 것이다.

무엇보다도 우리는 이 대화록의 핵심 논의 주제가 무엇인가를 기억해야 한다. 이 대화록의 근본적인 물음은 "인간의 삶에 있어서 가장 중요한 것 또는 가장 좋은 것은 무엇인가?"이다. 사실상 이것은 아무런 배경지식이 없어도 답변할 수 있는 질문처럼 보인다. 하지만 막상 이 질문에 대해 생각해보면, 우리가 정확한 답변을 제시하기가 어렵다는 사실을 깨닫게 된다. 플라톤의 이 대화록은 이처럼 쉽게 보이면서도 답변하기 어려운 질문에 대해 차분하게 생각할 기회를 제공해준다. 즐거운 삶이 가장 좋다는 필레보스의 답변은 다분히 상식적이며, 즐거운 삶보다 지성적인 삶이 더 좋다는 소크라테스의 답변도 그만큼 상식적이다. 이 대화록의 전체적인 논의 전개가 그렇게 상식적이지는 않지만, 그래도 이 대화록은 우리가 삶을 살아가면서 생각해볼만한 가치를 담고 있다.

▌미주

1 Frede(1993), xiii.

2 『필레보스』를 영어로 번역한 영역본은 십여 가지가 되는데, 고대 그리스어로 쓰인 원전의 내용을 현대인이 이해할만한 표현과 용어로 번역하다보니 불가피하게 번역상의 내용이 조금씩 차이가 생긴다. 원전의 내용을 쉽게 이해하도록 번역했는가 하는 문제와 원전의 내용을 있는 그대로 엄밀하게 번역했는가 하는 문제는 별개의 문제이다. 원전의 내용을 엄밀하고도 정확하게 번역을 하더라도 원전 자체의 내용이 난해한 경우에는 번역서의 글도 난해해질 수밖에 없기 때문이다. 역자가 알기로는 이 대화록을 고대 그리스어 원전에서 직접 번역한 우리말 번역서는 박종현의 『필레보스』(서광사, 2004)이다. 그 번역서는 적절한 우리말 번역어를 찾기 위해 많은 노력을 기울였음은 물론이고, 다른 많은 영역본 번역서들이 빠뜨리거나 의역한 단어들을 거의 그대로 살려 우리말로 번역했으며, 그러한 번역상의 엄밀함과 용어 선택의 신중함은 역자의 번역에도 많은 도움이 되었다.

3 칼리아스가 어떤 사람인지는 잘 알려져 있지 않지만, 여기에서 소크라테스는 프로타르코스의 아버지 이름을 알고 있을 정도로 그와 친숙한 관계임을 보여주고 있다.

4 앞에서 보았듯이, 즐거움은 여신 아프로디테를 가리키기도 하며, 여기에서 즐거움을 '그녀'라고 말하는 것은 아프로디테를 염두에 두고 있기 때문이다.

5 우주라고 번역하는 '코스모스'는 정돈된 것 또는 질서정연한 것을 의미한다.

6 기원전 6세기경 활동했던 헤라클레이토스가 주장한 바 있는 "만물이 항상 변화하고 있다"는 '만물유전설(萬物流轉說)'을 염두에 두고 있는 것으로 보인다.

7 호메로스, 『일리아드』 (xviii. 110).

8 동성애적인 사랑을 염두에 두고 있다.

9 "생성되는 것이 항상 그 생성이 목표로 하는 것"은 "A의 생성이 A를 위한 것"이 된다는 것이며, A가 다른 것을 위해 생성되는 것이 아니라 A 그 자체를 위해 생성되는 것임을 의미한다.

10 고르기아스는 대략 기원전 483(?)-376년에 생존했고, 소크라테스 기원전 469(?)-399년에 생존했으므로, 고르기아스가 소크라테스보다 연장자로 알려져 있다.

11 여기에서 철학적 여신은 노래와 음악과 시와 춤 등의 예술 분야를 관장하는 아홉

여신들(클리오, 에우테르페, 탈리아, 멜포메네, 테르프시코레, 에라토, 폴륌니아 또는 폴뤼힘니아, 우라니아, 칼리오페) 가운데 하나를 가리키는 것으로 보인다.

12 Whitehead(1979), p.39.

13 역자는 화이트헤드의 말이 다소 과장되었다고 생각한다. 서양사상이 기독교에 뿌리를 두고 있으며 또한 기독교는 다시 플라톤과 아리스토텔레스의 영향을 많이 받았기 때문에, 그들은 서양사상의 양대 산맥 또는 두 개의 뿌리라고 할 수 있다. 사실상 플라톤과 함께 아리스토텔레스까지 고려한다면, 철학뿐만 아니라 거의 모든 학문 영역들까지 "그들의 글에 덧붙인 일련의 각주들"에 불과하다고 말하더라도 그다지 틀린 말은 아닐 것이다. 왜냐하면 플라톤이 다루지 않았거나 부족하게 다루었던 많은 철학적 문제들이 그의 제자인 아리스토텔레스에 의해 다루어지고 있기 때문이다.

14 소크라테스는 물론이고 그보다 앞서 활동했던 고대 그리스 철학자들(탈레스, 아낙시만드로스, 아낙시메네스, 엠페도클레스, 아낙사고라스, 데모크리토스, 헤라클레이토스, 파르메니데스, 피타고라스 등)의 글은 단편의 형태로 전해진다. 사실상 그들의 사상은 후기의 다른 철학자들의 저서 속에서 간헐적으로 언급되고 있을 뿐, 그들이 집필한 저술 형태의 글은 남아 있지 않다.

15 Hare(1982), pp.21-23.

16 Grube(1935), xii.

17 Taylor(1955), 410-435.

18 Frede(1993), xvi-lxvii.

19 당시 아테네에서 '헤베'는 법적으로 어른이 되기 이전의 시기인 16세까지를 의미했으며, 따라서 '젊은이'는 16세 이전의 청소년을 가리킨다.

20 박종현(2004), p.65.

21 Taylor(1955), p.409.

22 즐거움보다 쾌락이라는 단어를 사용하는 것이 대화에서 좀 더 편할 수도 있는데, 쾌락이라는 단어가 우리에게는 다소 부정적인 의미로 이해되기 때문에 여기에서는 즐거움이라는 단어를 사용한다.

23 비교: 박종현(2004), p.223 각주 380.

참고문헌

박종현(2004), 『필레보스』, 서울: 서광사.

Fowler, H. N. (tr.) (1925) *Plato: The Statesman · Philebus*. Cambridge and London: Harvard University Press.

Frede, D. (tr.) (1993) *Plato: Philebus*. translated with Introduction. Indiana: Hackett Publishing Company.

Gosling, J. C. B. (tr.) (1975) *Plato: Philebus*. Translated with Notes and Commentary. Oxford: Clarendon Press.

Grube, G. M. A. (1958) *Plato's Thought*. Boston: Beacon Press.

Hackforth, R. (tr.) (1972), *Plato's Philebus*. translated with an introduction and commentary Cambridge University Press.

Hampton, C. (1990) *Pleasure, Knowledge, and Being: An Analysis of Plato's Philebus*. New York: State University of New York Press.

Hare, R. M. (1982) *Plato*. Oxford University Press.

Jowett, B. (tr.) (2008) *Plato's Philebus*. with an Introduction & Analysis. Maryland: Arc Manor.

Taylor, A. E. (1955) *Plato: The Man and His Work*. London: Methuen & Co.

Whitehead, A. N. (1979) *Process and Reality*. New York: The Free Press.

플라톤 연보

기원전 428/427년	아테네에서 출생
기원전 407년	소크라테스와 처음 만남
기원전 399년	소크라테스(71/72세) 사형
기원전 388년	이탈리아의 시켈리아(시칠리아, 시실리) 제1차 방문
기원전 385년	아테네로 귀환하여 교육기관인 아카데미아 설립
기원전 384년	아리스토텔레스 출생
기원전 367년	제2차 시칠리아 방문 / 아리스토텔레스의 아카데미아 입교
기원전 365년	아테네로 귀환
기원전 361년	제3차 시칠리아 방문
기원전 360년	아테네로 귀환
기원전 348/347년	80/81세의 나이로 사망

저자 약력

유원기

충청남도 천안에서 출생했다. 서강대학교 철학과를 졸업하고, 영국의 글라스고우 대학교에서 아리스토텔레스의 자연철학에 관한 논문(Nature and Change in Aristotle's Physics Books I and II)으로 석사학위를 취득하고, 브리스톨 대학교에서 아리스토텔레스의 심리철학에 관한 논문(Aristotle on Self-Motion)으로 박사학위를 취득했다. 최근에는 성균관대학교에서 "퇴계 · 고봉의 사단칠정논변과 우계 · 율곡의 인심도심논변"에 관한 논문(16世紀 朝鮮性理學 論辨의 分析的 探究)으로 두 번째 박사학위를 취득했다. 현재 계명대학교 철학과 교수로 재직하고 있다.

특히 아리스토텔레스의 자연철학과 심리철학, 그리고 조선성리학의 본체론과 심성론에 깊은 관심을 갖고 있다. 저서에는 〈아리스토텔레스의 정치학, 행복의 조건을 묻다〉, 〈자연은 헛된 일을 하지 않는다-아리스토텔레스의 자연철학〉이 있다. 그리고 번역서로는 〈영혼에 관하여〉, 〈목적론〉, 〈아리스토텔레스의 아이들〉 등이 있고, 논문으로는 〈아리스토텔레스의 심신이론과 현대 심리철학〉, 〈주희 미발론에 있어서 미발의 주체와 성격〉, 〈행복의 목적론〉, 〈율곡의 심성론에 대한 새로운 분석〉 등이 있다.